Reliure Devel 2011

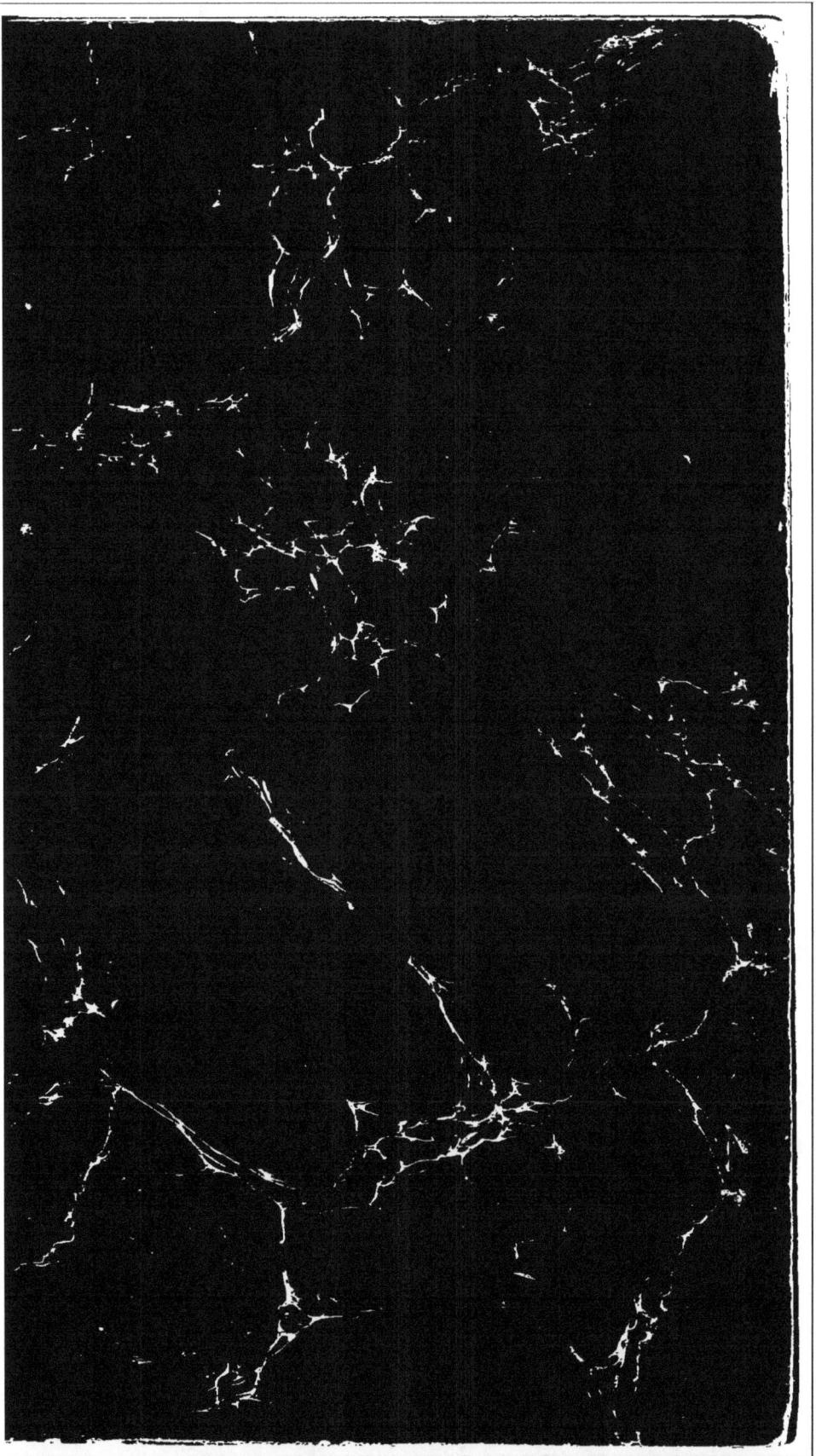

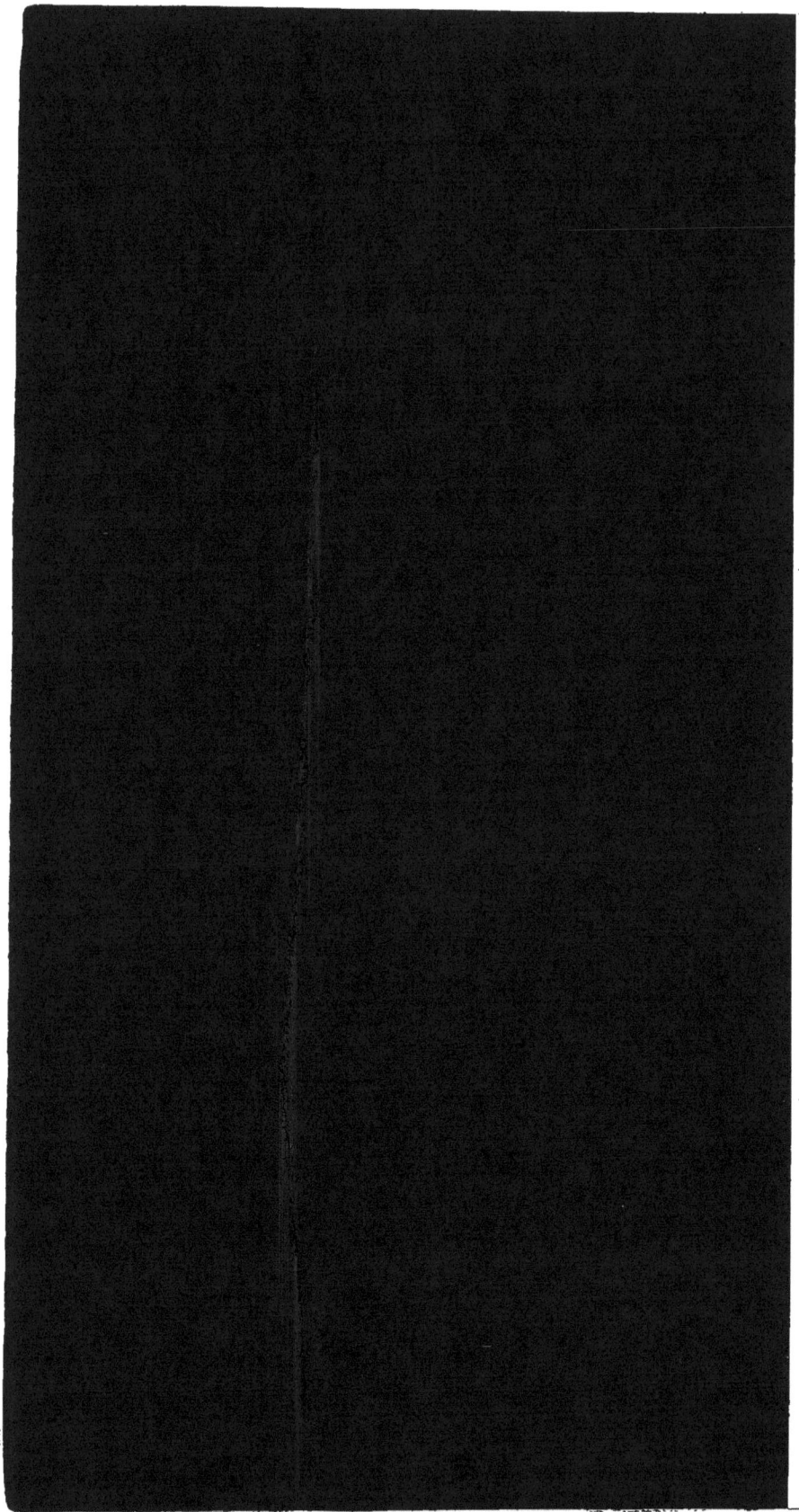

UN CURIEUX DU XVIIᵉ SIÈCLE

MICHEL BÉGON

Tiré à 250 exemplaires numérotés.

248 ex. sur papier vergé.

2 — sur parchemin de choix.

N° 70

Paris. — Imprimé chez Ch. Meyrueis.

MICHEL BÉGON

Blois 26 Décembre, 1638. + Rochefort, 14 Mars, 1710

UN CURIEUX DU XVIe SIÈCLE

MICHEL BÉGON

INTENDANT DE LA ROCHELLE

CORRESPONDANCE

ET DOCUMENTS INÉDITS

RECUEILLIS, PUBLIÉS ET ANNOTÉS

PAR

GEORGES DUPLESSIS

AVEC UN PORTRAIT

A PARIS

CHEZ ACADÉMIE DE PARIS

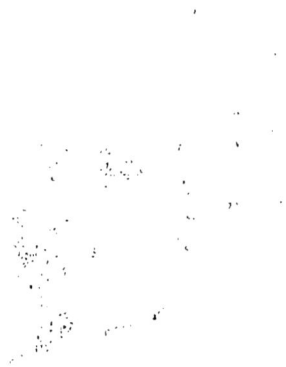

UN CURIEUX DU XVIIᵉ SIÈCLE

MICHEL BÉGON

INTENDANT DE LA ROCHELLE

CORRESPONDANCE
ET DOCUMENTS INÉDITS

RECUEILLIS, PUBLIÉS ET ANNOTÉS

PAR

Georges DUPLESSIS

AVEC UN PORTRAIT GRAVÉ A L'EAU-FORTE PAR P. SELLIER

A PARIS

CHEZ AUGUSTE AUBRY

LIBRAIRE DE LA SOCIÉTÉ DES BIBLIOPHILES FRANÇOIS

RUE SÉGUIER, 18

M.D.CCC.LXXIV

EN publiant ces documents, nous n'avons d'autre prétention que de montrer un côté de l'existence de Michel Bégon. Nous avons tenté de faire connaître le collectionneur et l'érudit; nous laissons à d'autres le soin de s'occuper de l'intendant et de l'homme politique. La correspondance que nous avons dépouillée à notre point de vue spécial fournira à quiconque voudra écrire l'histoire de l'administration en province, ou de la marine pendant la seconde moitié du règne de Louis XIV, des renseignements authentiques et précis. Nous n'avons pas osé tenter cette tâche, qui eût été au-dessus de nos forces. Il nous a suffi de voir dans Michel Bégon un amateur passionné avide d'acquérir les estampes qui lui manquent; un lettré cherchant à se renseigner sur Molière, Racine, Pascal, Scarron et tant d'autres « Hommes illustres » qu'il entend faire entrer dans l'ouvrage auquel

A

*Charles Perrault attachera son nom; un curieux
entretenant des rapports avec les graveurs Robert Nanteuil, Gérard Edelinck, Pierre van
Schuppen, et Jacques Lubin; un savant, enfin,
possesseur du médaillier de Grolier et d'une partie des manuscrits de Peiresc, qui jouit réellement des richesses qu'il a accumulées, et qui prend
plaisir à en faire profiter autrui. Peu d'existen-
ces ont été mieux et plus utilement remplies; peu
de collections ont été formées avec plus de soins,
avec plus de discernement et avec autant de dépenses.*

TABLE DES NOMS CITÉS

—

*

UN CURIEUX DU XVIIᵉ SIÈCLE

MICHEL BÉGON

INTENDANT DE LA ROCHELLE

« *Michel Bégon, intendant de la généralité de la Rochelle et de la marine au port de Rochefort, né à Blois le 26 Décembre* 1638 [1], *d'une famille noble, et des mieux alliée du Royaume a esté un des plus*

---

1. *Nous empruntons à l'intéressante notice que M. de la Morinerie a consacrée à Michel Bégon (Paris, juin 1855) l'acte de baptême de cet amateur, conservé à Blois dans les registres de la paroisse Saint-Honoré : « Le vingt septième jour dudit mois de décembre 1638 a été baptiȝé Michel, fils de Michel Bégon, receveur des Tailles en l'élection de Blois et de damoiselle Claude Viart, sa femme; le parain noble homme Michel Bégon cy devant receveur des dites tailles audit Blois; la maraine Damoiselle Marie Viart, femme de Jacques Martin, escuyer, sieur de Villiers, trésorier général et intendant des finances et baptimens au comté dudit Blois. — Bégon, M. Viart, Richer. »*

grands amateurs des scavans et de la belle curiosité
qui ait paru pendant le règne de Louis XIV. Dès sa
plus tendre jeunesse, il fit son plaisir de l'étude, tout
ce qui avoit rapport aux sciences faisoit ses plus
chères délices dans les emplois importants où il a
servi le Roy ce qu'il a toujours fait au gré de Sa
Majesté, de ses ministres, et des peuples jusques à sa
mort. En 1688, il fut fait intendant de Rochefort et
des fortifications des places d'Aunis et de Saintonge.
Ce fut là que se trouvant plus tranquille qu'il n'avoit
été dans les intendances de la Martinique et de Saint-
Domingue et successivement de Marseille qu'il avoit
occupée, il fit venir de Blois la Bibliothèque de feu
son père ; elle étoit déjà considérable et il l'augmenta
des meilleurs autheurs de chaque science et particu-
lièrement pour l'histoire et les belles-lettres. Sa prin-
cipale veue étoit de la rendre utile aux scavants.
C'est pourquoi il y joignit un Cabinet ou les doctes
et les curieux trouvoient amplement de quoi s'exer-
cer, étant rempli de monuments de la plus grande
antiquité, des suites de médailles bien choisies, des
Inscriptions, des divinités en bronze et en marbre et
des Instruments de sacrifices ; des productions de la
nature rassemblées des 4 parties du monde, des
plantes les plus rares desseichées, des recueils ma-
gnifiques d'animaux et de plantes particuliers peints
d'après nature ; des mémoires anciens et modernes de
différents pays, un amas immense de portraits peints
et gravés des grands hommes et une grande quan-
tité d'estampes des meilleurs maitres dont celles que
le Roy a fait graver faisoient partie, Sa Majesté
l'ayant gratifié de ce qui lui manquoit en ce genre
et de plusieurs livres de l'Imprimerie Royale. C'est
dans ce séjour des Muses qu'il employoit aussi utile-
ment qu'agréablement ses moments libres et qu'il en-
tretenoit les gens de lettres avec le mesme feu et la

mesme facilité que s'il n'avoit pas eu d'autre occupation. C'est là que peu satisfait d'honorer les scavants et les personnes de son temps, il conçut le noble dessein de célebrer par un monument la mémoire des françois qui s'étoient rendus illustres et avoient fini leur carrière pendant le XVIIᵉ siècle. Il fit graver 100 des portraits de ces hommes mémorables et rassembla la plus grande et la meilleure partie des mémoires qui ont servi à faire leur éloge que Mᵣ Perrault a donné au public en 1700.

« Ce fut aussi lorsqu'il étoit intendant de Marseille qu'il engagea le père Plumier, minime, et Mᵣ Surian, scavants botanistes à aller exercer leurs talents dans nos isles de l'Amérique où ils ont fait de belles découvertes. Le P. Plumier a fait part au public d'une partie des siennes dans ses ouvrages sur les Plantes qui ont été imprimés au Louvre et ce Religieux a donné des marques de sa reconnaissance à Mᵣ Bégon par son portrait gravé par Lubin que je joins icy, et par l'épître dédicatoire d'un livre in folio qu'il a fait imprimer à Lyon sur l'art de tourner.

« Mᵣ Bégon étoit persuadé que les sciences et les beaux-arts font le principal lustre d'un état, et le plus durable. C'est pourquoi il montroit tout l'empressement possible pour leur perfection, et, s'il avoit été en place convenable, les scavants n'auroient jamais eu un meilleur patron; il les aydoit de tout son pouvoir, leur communiquoit ce qui convenoit ou manquoit à leurs projets, car il avoit des mémoires sur toutes sortes de matières.

« En 1694 on unit l'intendance de la Rochelle composée de 5 élections à celle de Rochefort que Mᵣ Bégon a régie jusqu'à sa mort.

« Son temps étoit si bien distribué qu'il trouvoit au milieu de ses occupations pour le service de l'état des *moments de loisir pour s'entretenir tous les jours avec les scavants et tous les honnêtes gens dans sa celèbre Bibliothèque. Il avoit toutes les qualités qui servent à gagner les cœurs, un zèle infini pour la gloire du Roy, et pour le bien public, il s'étoit attiré l'estime et la confiance, un génie aisé, un esprit droit, une fermeté d'âme inébranlable, une mémoire fidèle qui ne luy laissoit échapper aucune circonstance essentielle, de la grâce à parler, et, à une éloquence naturelle, il joignoit une force de raisonnement qui le rendoit maitre des décisions.*

« *Il étoit en commerce de littérature avec les R. P. Hardouin, Chamillard et Gouye, jésuites, Mr Toynard, Mr Dron, chanoine de Saint-Thomas du Louvre, M^r l'abbé Nicaise et Schreuder, allemand, Mr Rigor, de Marseille, tous antiquaires.*

« *Il étoit aussi en relation avec Mr de Chevreau, de Loudun, Mr de Graverol, et Mr Gaultier, de Nismes, le Père Ange de la Brosse, carme, et le Père Bonjour, augustin de Toulouze, Mr Félibien, Perrault, Villermont, etc.*

« *Outre Lubin, élève du fameux Edelinck qui a gravé son portrait en 1690, il l'a esté une seconde fois par Duflos en 1708. On trouvera ci-joint cette dernière estampe d'après Rigault.*

« *Attaqué de coliques nefrétiques et par la pierre, il est mort en héros chrétien dans les douleurs les plus aigues le 14 mars 1710 et enterré dans l'église des Capucins de Rochefort* [1].

---

1. *L'acte d'inhumation de Michel Bégon, conservé sur le registre des décès de la ville de Rochefort, est ainsi conçu :* « Messire Michel Bégon, chevalier, seigneur de la Picardière et autres lieux, conseiller du Roy en ses conseils et d'honneur au parlement de Provence, intendant de justice et police et

« *Lors de son decès les Médailles, les livres, les Tableaux, et le reste du Cabinet ont été vendus avec ses
meubles par M^r son fils ainé, intendant alors du Canada.*

« *M^r l'évêque de Toul, son second fils, a gardé, lors
des partages, les manuscrits, les estampes et les Pierres
gravées, et les a cédés le 30 juillet 1747 à Mr Bégon,
son neveu, conseiller honoraire au Parlement de Metz
et intendant de la marine, actuellement en résidence
à Paris, qui, sur la demande qui luy a esté faite de
communiquer à la Bibliothèque du Roy les renseignements qu'il pouvoit avoir sur Mr Bégon, en qualité
d'homme de lettres, les a rassemblés bien volontiers en
ce mémoire qu'il a remis aujourd'hui, 29 novembre 1765.* »

*Cette Notice biographique, écrite par un pa-
rent de Michel Bégon, nous dispense d'en donner
une nouvelle qui ne pourrait la remplacer utilement. Nous nous contenterons donc de la complé-
ter en nous servant de tous les documents relatifs*

---

*finances de la généralité de la Rochelle et de la marine à
Rochefort, est décédé le quatorzième mars mil sept cent dix,
âgé de soixante douze ans, conduit par nous, curé de cette
paroisse, le lendemain, en l'église des révérends pères Capucins de cette ville, pour y être inhumé; en présence de
messire Michel Bégon, conseiller du Roy en ses conseils et
au parlement de Metz en Lorraine, de (Claude Michel)
chevalier Bégon, enseigne des vaisseaux du Roy en ce
port, tous deux fils; de messire Roland Barin, seigneur
marquis de la Gallissonnière, chef d'escadre des armées na-
vales de Sa Majesté et commandant en ce port, qui ont signé avec nous.— Bégon, Bégon, le m^{is} de la Gallissonnière,
S. Renau, Chour, curé.* »

aux collections de cet amateur justement célèbre que nous avons pu recueillir et en faisant surtout usage d'une volumineuse correspondance adressée par Michel Bégon, lorsqu'il était intendant de Rochefort, à M. Cabart de Villermont [1], secrétaire du marquis de Dangeau. Le plan que nous devions adopter était tracé par cette Notice elle-même, qui indique, en même temps que les goûts de l'intelligent collectionneur, les différentes phases de son existence, les postes élevés qu'il occupa successivement et les relations qu'il entretint. L'Inventaire sommaire des Collections réunies par Michel Bégon existe; nous avons été assez heureux pour en avoir entre les mains un exemplaire dont le possesseur actuel, M. Frédéric Reiset, nous a permis de prendre copie. Nous le transcrivons ici textuellement, autant pour montrer les goûts variés de Bégon que pour satisfaire la curiosité des amateurs toujours friands d'un document introuvable et à peu près ignoré :

---

1. *Esprit Cabart de Villermont fut gouverneur des îles d'Hyères; il occupa à Cayenne la place de lieutenant-général pour le Roi, et mourut à Paris le 17 octobre 1707, âgé de quatre-vingt-trois ans.*

« *Extrait des Inventaires du Cabinet de Monsieur Bégon, Intendant de la Marine et de la Généralité de La Rochelle.*

« *Une Bibliothèque de sept mil volumes, un quart in folio, autant in quarto et le reste in octavo, in douze, in seize, etc.*

« *62 volumes manuscrits en langue Hébraïque, Arabe, Chinoise, Persanne, Grecque, latine, françoise et autres, entre lesquels il y en a plusieurs peints et lavés.*

« *60 portefeuilles de pièces volantes sur toutes sortes de sujets de Théologie, Philosophie, Histoire, Mathématiques, Antiquités, Médecine, Poésie, etc.*

« *6 volumes de plantes desseichées de l'Europe et de l'Amérique.*

« *4 volumes d'oyseaux et poissons peints au naturel sur du papier et du vélin.*

« *2 volumes de plantes peintes par Robert et autres bons peintres et enlumineurs.*

« *30 volumes de recueils de portraits des personnes illustres de ce siècle et des précédents, gravés par les plus habiles graveurs de l'Europe.*

« *110 volumes d'Estampes sur toutes sortes de sujets aussi gravées par les meilleurs ouvriers, et d'après les plus excellents Peintres.*

« *64 plans de plusieurs villes de l'Europe et principalement des places maritimes de France, dessignés et lavés.*

« *12 veues et profils de villes.*

« *40 desseins de vaisseaux.*

« *18 cartes à la main de différentes provinces et pays.*

« 20 *desseins de poupes, éperons et bouteilles des vaisseaux et galères du Roy.*

« 20 *volumes de recueils de cartes géographiques gravées en divers temps par différents maitres.*

« *Un médaillier d'ebenne verte avec des tablettes de cuir doré à fonds de velours dans lequel il y a :*

> « *Une suite de médailles impériales de grand bronze de* 780, *latines et grecques très bien conservées.*

> « *Une autre suite de moyen bronze de* 836.

> « *Autre de* 5q8 *petit bronze.*

> « *Autre de* 710 *d'argent.*

> « *Un petit coffre dans lequel il y a une suite de* 103 *médailles impériales d'or.*

« 160 *médailles consulaires d'argent.*

« 40 *médaillons grecs d'argent.*

« 10 *médailles grecques d'or des Rois et Colonies.*

« 115 *médailles de bronze, idem.*

« 56 *d'argent, idem.*

« 4 *médailles hebraïques.*

« 20 *médailles gothiques d'or et d'argent.*

« 2 *médailles puniques.*

« *Quelques talismans.*

« 25 *bas reliefs de bronze.*

« 74 *médailles des papes depuis Martin V jusques à Innocent XII de bronze et d'argent.*

« 17 *médailles de Cardinaux, archevêques, evêques et autres ecclésiastiques, d'argent et de bronze.*

« 43 *médailles des Rois, Reines et autres personnes illustres de France; d'or, d'argent et de bronze.*

« 100 *médailles des Empereurs, Rois, Princes, Princesses et gens illustres de l'Europe; d'argent et de bronze.*

« 110 *monnoyes d'or de toutes sortes.*

« 225 *monnoyes d'argent.*

« *Plusieurs monnoyes de cuivre.*

« 1050 *jettons d'argent.*

« 480 *jettons de cuivre.*

« 260 *pierres antiques et modernes, gravées en creux et en relief.*

« 6 *petits portraits d'émail en mignature.*

« *Un baguier dans lequel il y a 24 pierres montées en bague, gravées en creux et en relief.*

« *Plusieurs sceaux et poids antiques et modernes.*

« *Le Throne et Jugement de Salomon de vermeil doré.*

« *Une grosse coquille d'argent très bien travaillée.*

« *Un Droguier rempli de toutes sortes de pierres, couleurs, sels, métaux, gommes, bois, racines, plantes, fruits et graines différentes, tirées des quatre parties du monde.*

« *Plusieurs fruits de cire de couleur et grosseur naturelle.*

« *Plusieurs pièces antiques, comme bustes et petites figures de marbre et de bronze, divinités égyptiennes, grecques et Romaines, urnes, lampes sépulchrales, larmoires, un strigile et une grande pierre ornée d'Hyérogliphes.*

« *Quelques autres bustes et figures modernes.*

« *Un tableau original de la Rose* [Salvator Rosa], *de sept pieds de long sur cinq de haut, représentant un chantier en construction.*

« 100 *autres tableaux sur différents sujets, entre lesquels il y a des originaux de Raphael, de l'Albane, du Tintoret, de Vandaik, de le Brun, de Mignard et autres bons peintres.*

« 52 *portraits de personnes illustres, par d'excellens peintres.*

« 32 *portraits de famille, le tout à bordure dorée.*

« 30 *plans, cartes, desseins, découpeures et estampes dans des cadres.*

« *Les Globes du père Coronelli et ceux de Merca-tor, des sphères, miroirs ardans, lampes, thermo-mètres, baromètres, montres, horloges, pendules et instrumens de mathématique.*

« *Un coffre contenant les modelles, de tous les in-struments propres à la navigation, le tout de carton, peint et enluminé très proprement.*

« *Un autre coffre de cuir doré dans lequel sont tous les instrumens nécessaires à un arpenteur.*

« *Un autre coffre dans lequel par un verre on void les différents aspects de Versailles.*

« *Un modelle d'un vaisseau du premier rang, de six pieds de quille avec tous ses agrés.*

« *Le modelle d'une galère de même.*

« *Le modelle d'une felouque.*

« *Un cornet à bouquin d'ivoire gravé en relief du temps des Antonins.*

« *Un autel portatif d'ivoire de la primitive église ou la vie de Jesus-Christ est représentée en relief.*

« *Un crucifix de cuivre émaillé de relief à la grec-que, très ancien.*

« *Une cuirasse, un casque et un bouclier très ma-gnifiques dont on se servoit dans les Tournois.*

« *Un grand canot d'écorces avec ses avirons dont se servent les sauvages de l'Amérique septentrionale.*

« *Un canot des Esquimaux dans la construction duquel il n'entre ny bois, ny fer, qui ne peut servir que pour un seul homme, et qui ne peut faire nau-frage, avec des avirons, sondes et habits propres à cette navigation.*

« *Une pyrogue des sauvages de l'Amérique méri-dionale avec les Pagayes dont ils se servent.*

« *Un Ratelier très propre dans lequel il y a des fusils, mousquets, mousquetons, pistolets, hallebardes, picques, espontons, sabres, épées, poignards, cou-teaux, arcs, flèches, boucliers, casque, cuirasse, plas-*

trons, rondache et autres armes offensives et deffen-
sives de toutes les nations du monde faites par de bons
maitres.

« Plusieurs curiosités de toutes espèces, comme
Momie, squelettes, dépouilles d'animaux, coquilles,
poissons desseichés, meubles curieux des nations éloi-
gnées, ustanciles et ornemens des sauvages, pagodes,
lampes sépulcrales, porcelaines et autres ouvrages de
la Chine, du Japon, et de toutes les autres nations du
monde, dont il y a des inventaires exacts.

« A Rochefort, le premier Iuin 1699. »

De cette réunion d'objets de genre si divers,
il ne reste plus aujourd'hui que la collection d'estampes, qui a été acquise par le roi de France
en 1770. Tous les autres objets, soit qu'ils aient
été dispersés à la mort de Michel Bégon, soit
que ses héritiers, après en avoir joui, les aient
laissé vendre, n'existent plus à l'état de collections. Heureusement, cette partie infiniment pré-
cieuse du cabinet de Michel Bégon subsiste, et,
à en juger par la correspondance dont nous allons donner de nombreux extraits, c'était à cette
curiosité que Michel Bégon semble avoir accordé
le plus d'attention et avoir consacré le plus de
temps et le plus d'argent. Il était parvenu, grâce
à ses relations et à son assiduité dans la re-
cherche, à réunir une des collections d'estampes
les plus considérables que jamais particulier ait

formée, et le choix des épreuves, la rareté et la bonne conservation des pièces qui composent ces recueils attesteraient encore, si cette même correspondance n'était là pour l'affirmer, que Bégon choisissait lui-même les planches qui lui étaient offertes, les examinait avec attention et ne regardait pas cette collection comme un simple luxe de grand seigneur, mais bien comme une noble distraction à ses autres travaux et comme un enseignement dont non-seulement il savait profiter, mais dont il s'efforçait de faire profiter tous les gens qu'elle pouvait intéresser.

S'il n'avait pas eu un goût réel pour les estampes et une connaissance véritable des services qu'elles sont appelées à rendre, aurait-il songé à faire graver cette série de portraits de ses contemporains célèbres, dont Perrault se trouva, pour ainsi dire, hériter? Aurait-il attaché à sa personne, entretenu de ses deniers et encouragé de ses conseils, un graveur, Jacques Lubin, auquel il confiait l'exécution de ces planches? Aurait-il enfin, s'il n'avait eu une intelligence réelle et un goût prononcé pour l'histoire et pour l'iconographie, pris soin de vérifier l'authenticité des portraits qui lui étaient présentés et d'examiner lui-même les titres de chacun des personnages qui devaient prendre place dans cette galerie, sorte de Panthéon auquel ne pouvaient prétendre que des gens jugés, par celui qui en avait conçu l'idée, dignes, par leur mérite ou par leur notoriété, d'être recommandés à la postérité et immortalisés par le burin?

En tête du premier volume des Hommes illustres, Perrault reconnaît avec franchise la part qui revient à Michel Bégon dans cette importante publication : « Cet ouvrage, dit-il, est dû principalement à l'amour qu'une personne [M. Bégon, intendant de justice et de marine], d'un mérite singulier, a pour la mémoire de tous les grands hommes. Cet illustre curieux ne s'est pas contenté d'avoir orné sa bibliothèque de leurs portraits, il a voulu, pour leur faire plus d'honneur et pour la satisfaction du public, les mettre dans les mains de tout le monde, en les faisant graver par les plus excellens graveurs que nous ayons. Sa passion ne s'en est pas tenue là; il a souhaité que ces portraits fussent accompagnez d'éloges historiques qui, en joignant l'image de leur esprit à celle de leur visage, les fissent connoistre tout entiers. Ce dessein m'a paru si louable que j'ay ambitionné d'y avoir part, et comme il va à establir la thèse que j'ay toujours soustenue que nous avions le bonheur d'estre nez dans le plus beau de tous les siècles, je me suis offert avec plaisir de composer les éloges qu'on souhaitoit..... »

Ainsi donc, c'est bien Bégon qui a conçu le plan de cette galerie d'hommes illustres. C'est bien lui qui a fait graver à ses frais presque tous les portraits qui composent le premier vo-

*lume. Nous allons voir maintenant, toujours avec
les preuves en main, avec quelle sollicitude il
s'occupait de ce recueil dans les rares moments de
loisir que lui laissaient ses fonctions officielles.*

*Cette Correspondance nous fait bien appré-
cier la part qui revient à Michel Bégon dans la
publication à laquelle Perrault attacha son nom.
Malgré des lacunes inévitables, puisque nous
n'avons que la moitié de la Correspondance, on
peut cependant se faire une idée exacte des rapports cordiaux qui existaient entre Bégon et
Perrault, de l'estime mutuelle que les deux col-
laborateurs avaient l'un pour l'autre, et de la
part réelle que Michel Bégon prit à la publication du premier volume des* Hommes illustres.
*Perrault lui soumet la liste des personnages qu'il
entend recommander à la postérité, lui fait parvenir les éloges qu'il compose, et accepte avec reconnaissance les observations qui lui sont faites;
de son côté, Bégon appelle l'attention de Perrault sur quelques hommes dont le mérite lui paraît particulièrement digne de sa sollicitude,
mais il s'en remet au jugement de celui qu'il a
choisi comme souverain juge en ces questions,
et se déclare satisfait des décisions prises par
Perrault.*

*La partie iconographique de l'ouvrage avait,
dès l'origine, occupé sérieusement Michel Bégon : il avait cherché à s'attacher un graveur
qui pût à la rigueur dessiner d'après nature les*

*portraits qu'il entendait publier. Son choix s'é-
tait arrêté sur Jacques Lubin, artiste assez mé-
diocre qui pouvait cependant remplir le but que
Bégon se proposait ; il entendait donner une re-
production fidèle des traits d'un certain nombre
de personnages désignés par leur mérite, plutôt
que des œuvres devant à elles seules et par elles-
mêmes attirer les regards et fixer l'attention.*

*Le graveur présenté par M. de Villermont,
Jacques Lubin, après avoir expédié, comme spé-
cimen de son savoir en gravure, le portrait du
comte de Grignan, envoya, pour témoigner de
ce qu'il savait faire en pastel, le portrait du fils
de M. de Villermont. Agréé, malgré certaines
hésitations qui témoignent des lumières de Bégon et qui accusent sa volonté formelle de faire
un beau livre, Jacques Lubin se met à l'œuvre.
L'ouvrage est en train, et les rapports de Bégon
avec Lubin sont perpétuels. Pendant que le
graveur taille le cuivre, l'intendant ne cesse de
faire des recherches, de lire les ouvrages des
hommes dont il veut écrire la vie, de se préparer, en un mot, à mettre sur pied le livre qu'il
a projeté de publier et vers lequel tendent tous
ses efforts ; mais, à mesure qu'il avance dans ce
travail, les difficultés de toute nature surgissent.
Outre le temps qui souvent lui manque, les dépenses finissent par lui paraître excessives, et
M. Bégon semble disposé à remettre en d'autres mains le soin de continuer le travail qu'il a*

*entrepris sans en bien peser toutes les charges;
il se montre fort désireux de faire faire auprès
de Perrault une démarche pour savoir si celui-ci
voudra bien se charger de la rédaction du texte;
il fait proposer en même temps à Dezallier de
s'accommoder des dépenses matérielles qu'en-
traîne une publication de cette nature. La lettre
qui porte la date du 11 avril 1692 marque le
point de départ des relations de Bégon avec Perrault, relations que plusieurs lettres montreront
pleines de courtoisie et de déférence de part et
d'autre.*

*Les lettres dans lesquelles il est question de
Jacques Lubin nous initient aux rapports, tantôt
excellents, tantôt assez désagréables, qui existaient entre le graveur et l'intendant; elles nous
apprennent en outre le prix que chaque estampe
fut payée à l'artiste, qui touche* 3,000 *livres pour
une trentaine de planches destinées aux* Hommes
illustres; *il ne faut pas oublier de dire qu'à cette
somme, qui paraît bien minime si l'on songe au
travail pénible qu'exige l'art du graveur, venait
s'ajouter un logement pour la famille de Lubin,
et que l'artiste trouvait là une augmentation de
salaire qui avait sa valeur.*

*Les lettres qui n'ont pas directement trait à
l'ouvrage en question donnent sur les goûts et
sur les collections de Bégon de précieuses indications; elles sont consacrées pour la plupart
à remercier M. Cabart de Villermont d'envois*

d'estampes, de médailles ou de curiosités destinées à augmenter les collections de Michel Bégon
et attestent l'attention qu'apportait, au milieu
de ses occupations, l'intendant à augmenter les
recueils qu'il formait avec passion. Il poussait la
manie des collections si loin que, dans la lettre
qui porte la date du 16 janvier 1695, on voit cet
homme, que nous avons de bonnes raisons pour
considérer comme un amateur sérieux, annon-
cer à son correspondant qu'il vient de faire
mouler en cire une fille à deux têtes dont venait d'accoucher une femme de Surgères. Si l'on
ne connaissait l'attention que l'on portait au
XVIIᵉ siècle aux curiosités naturelles, on serait
tenté de rire en songeant qu'un homme de la condition et du savoir de Michel Bégon ait pu songer un instant à attacher quelque valeur à une
monstruosité semblable.

Nous avons extrait de la volumineuse Correspondance de Cabart de Villermont, conservée au
Département des Manuscrits de la Bibliothèque
nationale[1], tous les passages des lettres de Bégon qui ont quelque rapport aux arts, et, en les
classant dans l'ordre chronologique, nous avons
suivi ainsi jour par jour la vie de cet amateur,
qui ne pouvait consacrer qu'un temps fort res-
treint à ce genre d'étude. Les hautes fonctions
qu'il remplissait ne lui laissaient que peu de

---

1. Fonds français, Nᵒˢ 22800 — 22815.

loisir de s'adonner à ses goûts favoris, mais en employant utilement les quelques heures qu'il pouvait distraire chaque jour de son travail officiel, il trouva encore moyen de se rendre utile aux lettres et aux arts, et il mérite, dans l'histoire de la curiosité, une place que d'autres amateurs plus célèbres occupent sans avoir les mêmes titres que lui à l'estime de la postérité[1].

Le Recueil des lettres adressées à Cabart de Villermont commence le 4 mars 1652; la première qui nous intéresse porte la date du 16 janvier 1689 :

A Rochefort le 16 janvier 1689.

.   .   .   .

J'ay le livre dont vous m'avez parlé par vostre lettre du 6. Il est intitulé : Bibliotheca Realis medica omnium materiarum in medicina occurrentium. Auctore Martino Lipsio, en un vol. in f^o Imp. à Francfort en 1679.

---

1. *Nous n'avons pas ici l'intention de donner une biographie complète de Michel Bégon. Ce travail a été fait et bien fait par M. de la Morinerie, qui publia sur l'intendant de La Rochelle, en 1855, une brochure à laquelle nous renvoyons le lecteur :* Michel Bégon, intendant de La Rochelle, 1638-1710. *Paris, imprimerie de Wittersheim. Juin 1855, in-8° de 24 pages.* Il faut encore consulter sur Michel Bégon l'important *Dictionnaire de Biographie et d'Histoire* de M. Jal, dans lequel on trouve plusieurs extraits de la correspondance que nous publions ici.

Je n'ay point de connoissance que ce livre aict
esté suivy d'aucuns autres, vous me ferez plaisir
de m'aprendre ce que vous en scavez.

Je vous seray aussy fort obligé si vous voulez
bien me mander en quel lieu est imprimé la Vie
et les Voyages du Sr Flacourt, gouverneur de Ma-
dagascart, affin que je face achepter l'un et l'autre,
et que je puisse juger par la lecture de ces 2 livres
si cet homme mérite d'être mis au rang des illustres de nostre siècle.

Pour Mr de Montmort il est sur la liste de ceux
que j'ay desjà choisis, et vous me ferez plaisir de
me mander par quel graveur est gravé un portraict
que vous avez affin que je puisse juger s'il sera de
meilleure main qu'un que je crois avoir dans
quelqu'un de mes livres qui sont à La Rochelle.

Mr Bernier l'Indien est aussy sur ma liste, je
vous prie de m'envoyer un mémoire des livres
qu'il a faicts que je feray aussy achepter avec son
portraict que je n'ay pas.

Pour Mr Cheverot il est vivant, et par consé-
quent exclus de mon projet s'il ne veult mourir
entre cy et unze ans. Cependant j'ay résolu de
faire achepter 2 vol. in fol. de ses voyages dans
lesquels je ne doubte pas qu'il n'ait faict mettre son
portraict, aussy bien que celuy d'un de ses oncles
dont il a fait imprimer les voyages avec les siens.

J'ay résolu de ne parler que des hommes illustres de ce siècle qui sont morts et de ceux seulement dont je pourray recouvrer les portraicts.

Mais je ne laisseray pas par occasion de dire un mot des uns et des autres de sorte qu'à la rencontre de leurs portraits, je diray d'eux tout ce qu'on en pourra dire honnestement.

Je rechercheray mesme avec soin les portraicts des personnes illustres vivantes affin que si dans le tems que j'ay pris, il en meurt quelqu'un, je sois en estat de les faire revivre, en consacrant son nom et son portraict à l'immortalité.

Je me suis fixé à deux cent portraicts, et s'il s'en trouve davantage je retrancheray les moins dignes.

Lorsque j'auray trouvé un graveur qui sache faire des pastels sur lesquels il puisse de suitte graver les portraicts, je trouverai moyen de luy faire copier les portraicts de ceux qui n'ont point esté gravés jusques à présent, dont les tableaux se trouvent conservés ou par leurs parens, ou par leurs amis, ou par des gens de mesme profession qu'eux.

Je suis mesme résolu de faire peindre à mes despens plusieurs personnes illustres qui ne l'ont point encor été, affin de pouvoir me servir de ces portraicts dans l'occasion.

. . . .

BÉGON.

M. de Villermont.

A Rochefort le 8 febvrier 1689.

J'ay receu, Monsieur, les 2 lettres que vous m'avez fait l'honneur de m'escrire le 27 et le 31 du mois passé.

Il est à souhaitter que le graveur dont vous m'escrivez sache faire des pastels affin qu'il puisse graver les portraits qui ne l'ont jamais esté, que je trouverai dans des Couvents, ou chez les parens de ceux dont je veux faire l'éloge.

Ou tout au moins il fault qu'il sache parfaitement desseigner en sorte qu'il puisse tirer les portraicts au naturel.

Vous ne debvez pas doubter que je ne mette Mr Pascal parmy les illustres de ce siècle; il estoit fils d'une mère qui portoit mon nom et j'ay une admiration singulière pour sa mémoire.

Vous me ferez plaisir d'achepter sa vie que je n'ay jamais eue et ses pensées qu'on m'a dérobées, je les ay lues autrefois avec une satisfaction singulière. Je vous rembourseray ce que le tout vous coustera.

C'est vous qui me donnés la connoissance de Mr Bergier de Rheims; j'ay mis sur mes mémoires ce que vous m'avez escrit sur son subjet et je feray dans la suitte chercher ses livres, étant bien aise avant de parler d'un autheur d'avoir lu au moins la meilleure partie de ses ouvrages.

M. Bernier l'Indien est sur mon Catalogue et

j'auray de fort belles choses à dire sur son subjet.

L'autre Bernier qui est vivant est fort de mes amis; il travaille actuellement pour moy pour choisir quelques livres qui me manquent; il y a des éloges dans son histoire de Blois qui sont très bien faits, mais il n'y en a guères des gens de ce siècle.

Vous ne debvez pas doubter que je n'aye cette Histoire et que je ne l'aye lue d'un bout à l'autre.

Mon frère l'abbé avoit amassé plusieurs mémoires pour servir à cette histoire qui ont esté donnés audit Sʳ Bernier, pour s'en servir en cas qu'il la face réimprimer.

Tavernier aura aussi sa place dans cet ouvrage; j'ay les 4 volumes, mais ils sont de l'impression d'Holande et ainsy il fault que je face chercher le portraict qui est à la teste de son livre de l'Impression de Paris qui est mieux faict que l'autre. Je l'avois mais je l'ay perdu.

J'ay le livre de François Pérard de Laval et vous pouvez compter que je n'oubliray pas feu Mʳ Bignon, et qu'à son occasion je parleray de Mʳˢ ses enfans qui méritent l'un et l'autre qu'on immortalise leur nom.

Mʳˢ Sanson et Duval sont aussy sur mon Catalogue, aussy bien qu'un autre Duval qui estoit docteur de Sorbonne, mais je ne scais où prendre leurs portraicts, si vous avez facilité pour les avoir vous me ferez plaisir.

Les Cardinaux Duperron et d'Ossat sont trop

célèbres pour estre oubliés, j'ay leurs portraits et leurs ouvrages.

J'accepte très volontiers le portrait de M. Petau que vous m'offrez, j'ai faict une note sur son subjet de ce que vous m'avez escrit.

Le célèbre père Petau mérite bien un éloge séparé de tous autres, s'il n'a pas esté gravé, je le feray graver à mes despens et je me feray un plaisir très sensible d'avoir rendu ceste justice à son mérite.

Est-il possible qu'un seul homme ait pu assembler 19,000 portraits différents [1].

Je n'ay jamais veu le voyage de Rubrocquis dont vous me parlez.

J'ay le portraict de Balsac très bien gravé, je ne crois pas qu'il soit de Meslan, je ne l'ay pu verifier par ce que mes livres sont encor embalés.

J'ay les portraits de Voiture, de Mr de la Mothe le Vayer, gravés par Nanteuil et j'ay aussy leurs ouvrages.

Je n'ay ni les portraits ny les ouvrages de Corneille qui m'ont esté volés, je veux les achepter en 2 vol. in f{o}.

---

1. Marolles s'exprime ainsi dans son *Livre des Peintres et Graveurs*, au sujet de Petau, conseiller au Parlement et fils de Paul Petau, qui possédait un cabinet d'antiquités :

Le conseiller Petau par deux fois renouvelle
Sa curiosité pour le fait des portraits.
Il en marquoit le nombre et les divers attraits
Dans sa bibliothèque en tout son choix si belle.

J'ay les ouvrages de Scaron, je n'ay pas son portraict, mais je ne suis pas encor bien résolu de luy donner place, ne faisant pas grand cas de son badinage. J'estime Molière plus que luy, et ny l'un ny l'autre ne doivent pas passer pour des illustres du siècle [1].

Le dessein de Mr Perrault est digne de luy et le mien disproportionné à mes forces qui ne sont pas grandes et à mes employs qui ne me laissent guères de temps de reste.

Cependant il me semble que les illustres des siècles précédents ont desjà esté tant loués ou dépeints par de bons et d'excellents autheurs en toutes langues qu'il fault estre aussy habil que Mr Perrault pour retoucher ce qui a esté desja si délicatement escrit par M^r de Ste Marthe, et de Thou et par plusieurs autres autheurs d'un mérite distingué.

Pour moy j'ay embrassé ce siècle à condition que Dieu me face la grâce d'en voir la fin par ce que sans cela je demeureray au milieu de ma course.

---

1. Molière trouva grâce auprès de Perrault, qui le comprit dans le tome Ier des *Hommes illustres*, et Bégon lui-même semble être revenu sur son premier sentiment lorsqu'il admet le portrait de Molière dans ses portefeuilles. Voir une lettre citée plus loin (21 mars 1705) : « J'y mettrai le portrait de Molière que vous m'avez envoyé gravé d'après Mignard, dont je vous suis très-obligé, et j'écrirai à M. Dezallier de m'envoyer la vie de cet auteur. »

Il y aura bien des choses que je scauray par moy-mesme, ou par mes proches et mes amis que tout autre que moy ne peut escrire.

J'ay le portraict de feu Mr de la Chambre gravé par Nanteuil qui est très beau et d'une belle épreuve.

Mais il me manque encore quelques uns de ses ouvrages dont vous me ferez plaisir de m'envoyer la liste par ce que j'ay perdu celle que vous me fistes la grâce de m'envoyer l'année dernière.

Je recevray avec bien de la reconnoissance de M. l'abbé de la Chambre l'extraict de la vie de feu Mr son père, et je joindray cette obligation à toutes celles que je luy ai desjà.

. . . .

BÉGON.

M. de Villermont.

———

A Rochefort le 15 febvrier 1689.

J'ay receu, Monsieur, vos deux lettres du 8 de ce mois.

Outre le livre de coquillages, les 2 de fleurs et les 2 de plantes qui estoient dans le Cabinet de feu Monsieur, je scais qu'il y en avoit encor un d'oiseaux choisis peints par Robert sur le velain d'une manière ravissante, je le scais pour l'avoir veu travailler à ces oiseaux en présence de Monsieur. J'ay dans mon cabinet une tulipe et deux anémones de ce peintre que je conserve depuis sette ans et que j'estime beaucoup, n'y ayant guères en ce genre de plus beaux ouvrages en France que les siens.

Je vous remercie du soin que vous avez pris de faire ma cour à Mademoiselle.

J'ay le portraict de Descartes au burin propre pour un vol. in f°. Si le vostre à l'eau-forte est meilleur, je le préférerai pour servir de modèle.

J'ay receu le portraict du Comte de Grignan que j'avois desjà, m'estant trouvé à Aix lorsqu'on portait des choses (épreuves?), on m'en donna comme aux autres, et j'ay conservé la mienne que je crois encor dans mes papiers.

La manière de ce graveur me plaist assez, mais le prix me paroist un peu fort pour faire une entreprise de 200 portraicts qui reviendroient à vingt mil francs. Cependant je n'accepte encor ny ne refuse la proposition par ce qu'il se pourra faire que je trouveray quelque expédient qui pourra luy convenir et à moy aussy.

Je n'ay ouy parler de la tragédie de M. Racine que par ce que vous m'en escrivez et je vois par cet eschantillon que pour restablir les divertissements de la cour, on prendra le party de faire des pièces de théâtre pieuses [1].

. . . .

---

1. M. Bégon fait allusion ici à *Esther*, qui fut représentée pour la première fois à Saint-Cyr, le mercredi 26 janvier 1689.

Si le graveur dont vous me parlez peut me faire trouver des portraits d'artisans illustres que je n'aye pas il me fera plaisir, mais avant de les achepter je serois bien aise d'en avoir la liste, le nom du graveur et le prix; je serois entr'autres fort aise d'avoir le portraict de Nanteuil, sur quoy je vous diray que je l'allay voir un jour pour luy persuader de se graver luy-mesme. Il me dit qu'il estoit en traité pour cela avec un marchant d'estampes qui lui avoit desjà offert 150$^{liv.}$, mais qu'il ne se se relascheroit pas à moins de 200$^{liv.}$ Je luy fis de grans reproches qui ne le persuadèrent point, me disant qu'il n'estoit point fou de luy-mesme et qu'il ne travailloit que pour de l'argent.

. . . .

Je vous envoye la liste que vous m'avez demandée des gens que je projette de faire entrer dans mon recueil, mais il n'y a encor rien de fixé sur ce subject; j'y en augmenterai et diminueray. Je n'y ay mis les gens vivants que pour amasser leurs portraicts sans aucun dessein de les faire entrer dans mon recueil qu'après leur mort. Cependant leurs figures sont tousjours bonnes à garder.

J'ay commencé à faire ranger mes livres, mais je ne sçais où les loger; il n'y en a pas la moitié de placés dans le lieu que je leur ay destiné qui est beau et grand.

BÉGON.

A Monsieur de Villermont en sa maison, proche de St Jean du haut pas.

A Rochefort le 3 avril 1689.

. . . .

Je suis fort aise d'avoir le portraict de M^r vostre fils, mais le pastel n'en est pas délicatement faict et j'en ay plusieurs qui sont incomparablement plus beaux, cependant il ressemble et je me souviens bien qu'il a de l'air de M^r vostre fils.

J'ay parcouru le livre des grands chemins de Mr Bergier qui est beau et curieux.

Son histoire de Rheims n'est pas achevée; il auroit esté à souhaitter que quelqu'un eust suivy ce dessein là qui est bien pensé.

. . . .

A force de mettre tous les jours quelque chose de nouveau dans mon cabinet, je m'apercois qu'il commence fort à se remplir et que j'ay bien des choses fort belles.

J'avois desjà le portrait de Descartes mais le vostre est d'un autre pointe et d'un autre graveur.

. . . .

Les 2 portraits anglois que vous m'avez envoyés sont d'une beauté achevée.

Tous les autres sont très curieux et je vous suis sensiblement obligé, j'ay bien du chagrain d'avoir esté si longtemps sans vous en remercier.

. . . .

Je crains extrêmement que la mesure qu'il (un commis) a prise des planches ne soit trop petite,

j'ay tousjours eu l'intention qu'eiles fussent propres à mettre dans un volume in f⁰ et ainsy il fault
qu'au moins elles soient de la grandeur de Mʳ de
la Chambre gravé par Nanteuil.

. . . .

BÉGON.

Monsieur de Villermont.

A La Rochelle le 12 avril 1689.

. . . .

J'ay le portrait de M. Duquesne qui est fort res-
semblant.

Je n'ay rien à adjouter à ce que je vous ay cy devant escrit sur le sujet du Sʳ Lubin.

. . . .

BÉGON.

M. de Villermont.

A Rochefort le 30 avril 1689.

. . . .

J'ay apris par une lettre de Mʳ Riport que l'affaire du Sʳ Lubin est faicte et qu'il fera route au
premier jour.

Je suis bien aise d'aprendre qu'il a faict les pastels des Pères Petau et Sirmond.

. . . .

BÉGON.

M. de Villermont.

———

A Rochefort le 14 juin 1689.

. . . .

Il y a desjà quelques jours que le Sr Lubin est
arrivé; il me paroist avoir de l'esprit, mais il est
fort en peine d'un balot que vous luy avez promis
de m'adresser qui n'est point arrivé et dont vous ne
m'avez donné aucun advis; les outils, sa Casaque
et la Bandolière sont dedans, et il ne peut rien
faire sans cela.

. . . .

BÉGON.

M. de Villermont.

———

A Rochefort le 19 juin 1689.

J'ay receu, Monsieur, vostre lettre du 13. Le
Sr Lubin est encor icy en très bonne santé; il a
trouvé son balot. Il part demain pour aller à La
Rochelle establir sa résidence. Il veult absolument

commencer son ouvrage par mon portraict. Je suis
content de celuy du P. Sirmon qu'il m'a faict voir,
mais non de celuy du P. Petau qui ressemble à un
homme mort; il dit qu'il y en a une estampe qui
est mieux, et il m'a promis de la faire chercher. Il
m'a remis le portraict de Sylvestre et le crucifix
dont je vous remercie. C'est un fort bon homme,
je lui ay presté un livre de portraits pour luy donner des idées.

J'ay un sensible chagrain de la mort de M. Rain-
sant [1] avec lequel j'avois quelque relation par lettres et qui estoit de mes amis.

J'estois à la Rochelle lorsque j'ay reçeu vostre
lettre. J'ay laissé entre les mains d'un secrétaire sé-
dentaire qui y est tousjours la lettre que vous m'a-
vez adressée pour le Sr Lubin que je croyois deb-
voir y voir hier, je l'en ay adverty et il la retirera
demain.

. . . .

BÉGON.

M. de Villermont.

A Rochefort le 26 juin 1684.

. . . .

Je vous ay desjà mandé que le Sr Lubin a re-

1. Pierre Rainssant, né à Rheims vers 1640, se noya à
Versailles, dans la pièce d'eau des Suisses, le 7 juin 1689.
Outre plusieurs travaux sur la numismatique, il publia,

trouvé toutes ses hardes, il doibt commencer demain à travailler.

. . . .

BÉGON.

M. de Villermont.

———

A La Rochelle le 12 juillet 1689

. . . .

J'ay lu la lettre qui vous a esté escritte par le
Sʳ Lubin auquel j'ay donné une lettre de change
de 15o ˡⁱᵛ· pour luy donner moyen de faire venir sa
femme.

Je feray ce que je pourray pour les loger chez moy
mais je ne crois pas pouvoir en venir à bout ma
famille estant fort grande et ma maison petite,
quoyque j'aye percé dans deux maisons voisines
que j'ay prises entre la mienne.

Je luy ai dit que je ne jugeois pas à propos qu'il
fist venir un graveur de Paris, parce que rien ne
me presse encor; j'ay conceu un dessein qui ne
sera en estat de se produire que dans unze ans, et
ainsy j'ay du temps devant moy et je veulx aller
bride en main.

. . . .

BÉGON.

M. de Villermont.

———

en 1687, une *Explication des Tableaux de la Galerie de
Versailles*. Paris, in-4°.

A Rochefort le 27 may 1690.

J'envoye au Sr Lubin les cuivres et je garderay à Mr Rigord la petite boëte qui luy est adressée.

J'ay lu dans l'histoire de l'Imprimerie que la Bibliothèque de M. Groslier est restée dans l'Hotel de Vicq jusques en 1675. Et comme je suis parent du costé de ma mère de Mrs de Vicq, et que j'ay le médaillier d'or de M. Groslier qui est le plus ancien médaillier du Royaume, je voudrois bien scavoir si la famille des Grosliers est tombée dans celle de Vicq. Et si c'est par succession de père en fils que Mrs de Vicq ont conservé la Bibliothèque de M. Groslier qui est la 1ère bibliothèque de France dressée par un particulier, mais son médaillier d'or que j'ay et que je tacheray de conserver toute ma vie précieusement est encor plus considérable que sa bibliothèque, puisqu'avant luy il n'y avait en France ny Roy, ny Prince, ny communauté qui conservast des suites entières de médailles et que celles que j'ay étoient ramassées avant qu'il y eust des gens au monde qui se meslassent de les contrefaire, outre que les plus anciennes Bibliothèques ne sont pas les meilleures, mais les plus anciens médailliers sont incontestablement les meilleurs [1].

BÉGON.

M. de Villermont.

1. Leroux de Lincy, dans *Recherches sur Jean Grolier* (Paris, 1866), p. 69-74, parle avec quelques détails de la

A Rochefort le 24 juin 1690.

. . . .

J'ay receu les portraits que vous m'avez envoyés des Généraux de l'Empereur.

Il auroit [esté] bon qu'on eust fait en mesme temps le sien, et celuy du Roy des Romains qui est un prince destiné pour remplir un poste bien important à la Chretienteté.

. . . .

BÉGON.

M. de Villermont.

Larochelle, 23 7ᵇʳᵉ 1690.

Monsieur,

J'ay rendu à M. Lubin la lettre que vous luy écriviez en ma faveur, laquelle il a receue avec tous

---

collection de monnaies d'or et d'argent et de médailles antiques qu'avait réunie Jean Grolier. Il y a même à ce propos contradiction. Michel Bégon dit positivement qu'il possède cette collection, or Leroux de Lincy avance (p. 73), sur la foi d'une notice consacrée par de Thou à Grolier, que Charles IX s'opposa à ce que cette collection passât en Italie, qu'il la paya de ses deniers et la fit revenir de la frontière, où elle avait été transportée, à Fontainebleau. A-t-on quelque preuve officielle que cette collection de Grolier ait réellement été à Fontainebleau?

les offres possibles de service et comme il y a fort longtemps qu'il est de mes amis, je n'aurois point feint de luy demander quelques leçons si ces sortes de desseins eussent esté de son distric, mais nous avons icy deux sous Ingenieurs qui sont fort de mes amis qui se feront un plaisir de me donner des leçons; vous croyez bien Monsieur que depuis le temps qu'il y a que je suis icy j'ay pris plusieurs leçons des desineurs de Mr Ferry, qui sont très habilles, pour les plans et les ornements, je ne scay si l'on vous aura dit que Mr Lubin a perdu sa femme[1] depuis sept ou huit jours et il a esté aussy fort malade et se porte mieux à présent.

. . . .

COLLINET.

A M. de Villermont.

A Rochefort le 3 octobre 1690.

. . . .

Vous continuez, Monsieur, à remplir mon cabinet de vos présents qui en seront bientost la plus considérable partie, je vous rends très humbles graces du portraict du duc de Brunswic, évesque d'Alberstat et de l'apologie du duc de Gourdon, et

---

1. Cette première femme de Lubin se nommait Anne, et était fille du graveur Jean Sauvé.

des autres curiosités que vous avez jointes aux deux besouards que vous avez envoyés chez Mr Dezallier..

. . . .

BÉGON.

M. de Villermont.

———

A La Rochelle le 14 octobre 1690.

. . . .

J'espère que le Sr Lubin se consolera de la perte qu'il a faicte. Il est de parfaite santé [1].

. . . .

BÉGON.

M. de Villermont.

———

A La Rochelle le 26 octobre 1690.

. . . .

Je vous remercie de l'empreinte de la médaille de Mr Colbert gravée par Bernard. Je rendray à Mr Collinet ce qui est pour luy.

. . . .

BÉGON.

M. de Villermont.

1. Jacques Lubin se remaria à Paris le 18 janvier 1699. Il épousa Anne, fille de Guy Vigneron, maître tailleur d'habits au collége de Cluny. Lubin était âgé alors « d'environ 40 ans. » Il serait donc né vers 1659.

A Rochefort le 3o octobre 1690.

. . . .

J'escris présentement à La Rochelle et je donne ordre qu'on retire la petite boete du Messager et qu'on porte à Mr de Férolles ce qui est pour luy et à Mr Fraissinet la petite boete qui luy appartient, et qu'on m'envoye icy les empreintes de plomb de la médaille de feu Mr Colbert après qu'on les aura faict voir au Sr Lubin qui se porte très bien et qui me paroist consolé de la perte qu'il a faicte. Je vous réitère mes remerciements de la grâce que vous m'avez faitte de m'envoyer cette médaille.

. . . .

BÉGON.

M. de Villermont.

A Rochefort le 19 may 1691.

J'ay receu, Monsieur, vostre lettre du 12e de ce mois par laquelle j'ay esté fort surpris d'apprendre que le Sr Lubin a esté assés hardi pour envoier la planche de mon portrait à Paris, ne pouvant pas ignorer que mon intention n'est pas qu'il en soit tiré aucune épreuve, je vous en offrirai de tout mon cœur les premières, mais vous scavès que toutes choses doivent attendre leur maturité.

. . . .

BÉGON.

Mr de Villermont.

A Rochefort le 29 may 1691.

. . . .

Mais je ne scavois pas qu'on eust découvert par un tremblement de terre près de Constantine des jarres pleines de médailles d'or, et qu'on les eust transportées à Alger qui est un pays ou la matière en sera fort estimée, mais on n'aura pas en ce pays là de respect pour l'antiquité, et on les convertira impitoiablement en lingots, et ainsi je ne crois pas que Mr de Sparvansel trouve rien de reste en ce pays là qui puisse satisfaire sa curiosité sur quoi je vous dirai que dans le tems que Mr Girardin estoit ambassadeur à Constantinople, on trouva dans les fondations d'une maison dans un pot de terre sept ou huit cens médailles de Philippe et d'Alexandre, elles furent aussitost portées à la monnoie dont Mr Girardin ayant eu avis, il envoia prier le maistre de la Monnoie de ne les pas fondre, promettant de lui en payer la valeur, il ne pût obtenir que 24 heures pendant lesquelles il fit chercher des espèces d'or pour le mesme poids, mais les gens qu'il emploia n'ayant pas esté assés exacts, il eut le chagrin d'aprendre qu'aussitost que les 24 heures furent passées qu'on fondit les médailles sans en réserver une seule.

. . . .

BÉGON.

M. de Villermont.

A La Rochelle le 10 juillet 1691.

. . . .

Je vous fais bien des remerciements du portraict
que vous m'avez envoyé dont je fais tout le cas possible tant pour la vénération que j'ay pour la sainteté
de la personne qu'elle représente, que parce qu'elle
est de la famille de Madame de Villermont à la-
qu'elle je vous supplie de faire mes complimens, et
ceux de Madame Bégon.

. . . .

BÉGON.

M. de Villermont.

———————

A Rochefort le 9 aoust 1691.

. . . .

La Caisse de Vases de Patanes dont vous m'avez
fait présent arriva icy hier dans laquelle il s'est
trouvé 60 vases bien entiers et tous bien conservés,
il ne se peut rien voir en ce genre de plus léger, et
plus délicatement travaillé; il y en a de quoy gar-
nir un grand Cabinet dont je ne puis assez vous
remercier.

. . . .

BÉGON.

M. de Villermont.

———————

Picardière 26   1691.

Voicy, Monsieur, une lettre de Mʳ de Férolles et la réponse de Lubin que je vous suplie de communiquer à Mʳ Perrault en luy faisant mes compliments. J'ay marié ma fille et je compte partir d'icy le premier jour du mois prochain pour Bourbon.

. . . .

BÉGON.

M. de Villermont.

A Rochefort le 1 avril 1692.

. . . .

. . . .

Je n'ay pas le portrait de Mʳ Perrault gravé par Edelinck, mais j'ay son Vitruve imprimé en 1673. Je crois qu'il la fait réimprimer depuis auquel il a adjouté bien des choses[1].

. . . .

. . . .

BÉGON.

----

1. La seconde édition, qui est effectivement très-augmentée, parut en 1684 sous ce titre : *Les dix Livres de l'architecture de Vitruve,* corrigés et traduits en françois, avec des notes par Perrault. Paris, J.-B. Coignard. In-fol., fig.

A Rochefort le 11 avril 1692.

. . . .

Je suis fort obligé à M^r l'abbé de la Chambre du souvenir qu'il a eu de moi pendant sa maladie à laquelle j'ay pris toute la part possible.

Je ne lui demandai pas avant mon départ le portrait qu'il avoit offert de me prester de Mr de Chambre parce que je n'ai point encore retenu de graveur à Paris et qu'il eust fallu le faire venir à La Rochelle en danger de se gaster en chemin, mais comme mon intention est de travailler vivement à l'exécution du projet que vous m'avés inspiré, il faut que vous ayés la satisfaction d'achever ce que vous avés commencé.

Vous m'avés écrit autrefois que M. Perrault avoit un dessein à peu près pareil, il faudroit nous unir ensemble, qu'il prist la peine de travailler aux Eloges ou plustost à l'abrégé des vies des hommes illustres scavants ou protecteurs des sciences et des arts de ce siècle, je lui donnerois les mémoires que j'ay commencé à ramasser et ceux que je pourrai recouvrer, et je continuerai à faire graver ceux qui ne le sont pas encore, nous conviendrons ensemble de tout ce qui seroit nécessaire pour l'exécution de ce projet dont je lui céderai très volontiers tout l'honneur, et consentirai qu'il paroisse sous son nom me réservant seulement la satisfaction d'y avoir contribué par mes soins et par la dépense que j'ay faite pour y parvenir, s'il accepte la chose je lui envoierai la liste de ceux que j'ay projetté de mettre dans cet ouvrage.

Cependant je vous envoie celle des portraits qui sont actuellement gravés par le Sʳ Lubin, outre lesquels il faudroit en faire encore graver quelques-uns à Paris afin de pouvoir dans un an ou deux donner au public un premier volume de ceux qui sont morts dans les soixante premières années de ce siècle et réserver les autres pour un second volume.

Lorsque j'aurai vostre réponse sur cela j'engagerai Dezallier d'entrer dans cette affaire estant bien aise de me décharger à l'avenir d'une part de la dépense que j'ay faite jusques à présent qui est trop considérable pour un particulier comme moi. J'ay écrit aujourdhui au Sʳ Lubin de vous envoyer la planche du portrait de Sᵗ François de Sales qu'il a gravé mal à propos et qui ne doit point entrer dans mon projet, je vous prie de me faire l'amitié de troquer cette planche avec le Sʳ Mariette en prenant de lui en échange tous les portraits gravés par Edelink et par Masson au prix dont vous conviendrés; vous scavés que cette planche me revient à 110 ˡⁱᵛ· mais si cette somme n'est pas suffisante vous m'obligerés de suppléer le reste de l'argent que je vous ai envoié pour le reste des globes du Père Coronel sur lesquels je crois qu'il ne faut plus compter, mais il y aura une observation à faire qui est que j'ay déjà quelques uns des portraits gravés par lesdᵗˢ Edelink et Masson dont M. Pinson a l'Inventaire duquel il sera aisé à M. Mariette de le retirer afin qu'il ne nous vende pas ceux que j'ay dejà. Le Sr Friquet en faveur duquel vous m'avés cy devant écrit a fait graver quelques portraits; il offre de m'accommoder des planches et sa proposition me paroist assés bonne; je vous envoie le mémoire de celles qui pourroient m'accommoder et vous pouvés entrer sur cela en négociation avec lui, et lui proposer d'en faire graver un nombre pareil à celui que je fournirai moyennant quoi il entrera en société pour une moitié avec moi. Je suis très parfaitement, Monsieur, vostre très humble et très obéissant serviteur.

BÉGON.

Mr de Villermont.

A Rochefort le 27 may 1692.

J'ay receu, Monsieur, vos lettres du 18, 19 et 21 de ce mois avec celle de Mr Perrault dont vous trouverés la réponse cy jointe que vous m'obligerés de lui rendre à vostre commodité et de lui faire voir en mesme tems celle que j'écris à Mr Pinson que je vous envoie à cachet volant.

Je ne vous répéterai point icy ce que je leur écris et je me contenterai de répondre par celle-cy le plus exactement que je pourrai à tous les articles de vos lettres.

BÉGON.

Mr de Villermont.

A Rochefort le 23 juin 1692.

J'ay receu, Monsieur, vos deux lettres du 13 et du 18 de ce mois, et j'ay receu en mesme tems celles qui m'ont esté écrites par Mʳˢ Perrault et Pinson auxquels je fais réponse aujourd'huy et conviens avec eux de tout ce qu'ils ont résolu dans l'assemblée ou vous vous estes trouvé, je vois cette affaire en bon chemin et j'espère qu'elle réussira.

. . . .

BÉGON.

Mʳ de Villermont.

A Rochefort le 22 juillet 1692.

J'ai receu, Monsieur, la lettre que vous m'avés fait l'honneur de m'écrire le 16 de ce mois.

J'avois dejà fait mes observations sur le projet d'Eloge que Mʳ Dezallier m'avoit envoié, et j'y avois adjouté la plus grande partie des Remarques que vous faites, ce projet n'ayant esté fait qu'à cette fin, j'en ai mandé mon sentiment avec franchise à Mʳ Perrault et audᵗ Sʳ Dezallier...

. . . .

BÉGON.

Mʳ de Villermont.

A Rochefort le 5 aout 1692.

. . . .

J'attens avec impatience la détermination de
Mr Perrault sur les 100 subjects que je luy ay pro-
posés, sa voix en cela estant décisive. Il fauldra en
oster un pour y mettre Mr Mesnage.

. . . .

BÉGON.

A Mr de Villermont.

———

A Rochefort le 16 aout 1692.

. . . .

Je vous prie lorsque vous verrés Mrs Perrault et
Pinson de leur faire mes complimens, je ne leur
escris pas parce que je n'ay pas encor receu la liste
que je leur ay demandée des 50 portraicts qui
doivent composer le 1er volume.

. . . .

BÉGON.

Mr de Villermont.

———

A La Rochelle le 21 aoust 1692.

. . . .

Je viens de recevoir une liste de Mr Perrault

avec le choix des 50 portraicts du 1ᵉʳ volume, auquel je ne puis répondre qu'à Rochefort parce que je n'ay pas icy le temps de donner la moindre attention à ces sortes d'affaires.

. . . .

Lorsque vous verrés M. Perrault vous m'obligerez de lui faire mes complimens et de l'assurer que luy feray réponse incessemment.

. . . .

BÉGON.

A M. de Villermont.

———

A La Rochelle le 4 octobre 1692.

. . . .

Le Sʳ Lubin a en teste d'aller faire un voyage à Paris. C'est un panier percé qui mange tout ce qu'il a, je luy ay desjà donné 3000 ˡⁱᵛ· depuis qu'il travaille pour moy, il fault encor payer ce voyage, et le retour, ce qui me dégouste beaucoup.

Mʳ Pinsson me propose de donner mon billet à Edelinck de 110 ˡⁱᵛ· pour chaque portraict qu'il gravera ce que je ne suis pas en estat de faire, si Dezallier se veult charger de l'Impression, je consens que pour advancer l'ouvrage il face travailler Edelinck et qu'il grave les portraits dont nous serons convenus ensemble, mais je ne prétens point mettre dans cette affaire d'autre argent que celuy que

Lubin gagnera en travaillant. Il a desja gravé 3o portraits, il achévera de graver les 20 qui manquent en 20 mois, mais si le terme est trop long, on le peut abréger tant qu'on voudra, pourveu que dans ceste affaire je ne sois pas regardé comme le caissier.

. . . .

BÉGON.

A M. de Villermont.

———————

A La Rochelle le 5 octobre 1692.

Lubin m'a prié, Monsieur, de vous escrire pour vous prier de vous donner la peine de voir sa mère et de m'en mander des nouvelles ; il dit qu'il en est en peine, et que c'est ce qui luy avoit faict prendre la résolution d'aller à Paris tant pour la voir que pour donner ordre à quelques affaires, mais qu'ayant connu par le discours que je luy fis hier que je n'aprouvois pas ce voyage, il estoit résolu de ne le pas faire. Ce qui nous faict voir que j'avois raison, et qu'il le faisoit sans nécessité.

. . . .

BÉGON.

Mr de Villermont.

———————

A Rochefort le 9 octobre 1692.

. . . .

Les livres d'estampes que Mariette m'a envoiés
arrivèrent hier. J'en serois très content s'ils n'estoient pas si chers, je ne sçai si vous avés eu la curiosité de les voir.

. . . .

BÉGON.

M. de Villermont.

———

A Rochefort le 16 octobre 1692.

. . . .

Je vous remercie du portrait du Comte de Ro-
morantin, auquel je donnerai dans mon recueil
la place qu'il mérite.

. . . .

BÉGON.

Mr de Villermont.

———

A La Rochelle le 23 octobre 1692.

. . . .

J'escris à Mr Perrault pour le féliciter sur sa gué-
rison.

. . . .

Je feray voir à Lubin ce que vous m'escrivez, je ne l'ay pas encor veu depuis que je suis icy qu'un moment il disparut aussy tost.

. . . .

Bégon.

M. de Villermont.

———

A Saint Martin-de-Rhé le 2 novembre 1692.

. . . .

Je prie Mr Pinson de vous voir pour trouver moyen de troquer en livres ou en estampes la planche de St Francois de Salles.

. . . .

Bégon.

Mr de Villermont.

———

A Rochefort le 20 novembre 1692.

. . . .

Mon maitre d'Hotel m'a donné ce matin les quatre estampes dont vous l'avés chargé pour moi, je vous en suis très obligé.

J'écrivis par l'ordinaire passé à Mr Pinsson une lettre qu'il vous communiquera sur une prétention du Sʳ Friquet. Je vous prie de régler cette affaire de la manière que vous le croirez raisonnable et d'arrester un projet de traité pour tout ce qui peut regarder l'exécution du projet que vous avés le premier imaginé.

.   .   .   .

BÉGON.

A M. de Villermont.

———————

A Rochefort le 7 décembre 1692.

.   .   .   .

Lorsque j'ay receu le mémoire que Mʳ Perrault m'a envoié des planches gravées par le Sʳ Friquet celles comprises dans ce mémoire que Lubin a gravées l'estoient dejà, il n'en a point gravé depuis, et n'en gravera point, mais je ne pouvois pas empescher que ce qui estoit fait ne le fust.

Lubin travaille toujours et est fort avancé, j'espère que les planches qu'il doit fournir seront aussitost prêtes que les éloges.

Il n'y a point d'avance d'argent à faire pour les portraits qui restent à graver, si on se contente de faire travailler Lubin, mais si on veut occuper d'autres graveurs, je ne suis pas en estat de les payer, ayant dejà fait de grosses avances et ne pouvant pas me dispenser de continuer à faire travailler Lubin qui me couste plus de cent pistolles par an sans y comprendre l'engagement ou ce projet m'a mis d'acheter les portraits et les livres qui y ont relation qui m'ont cousté depuis quatre ans plus de cent pistolles par an.

Vous scavés que c'est vous qui m'avés inspiré ce projet dans lequel je ne suis entré que pour me divertir, et je suis persuadé que vous ne me conseilleriés pas d'emprunter de l'argent à constitution pour la promte expédition d'un projet de cette nature, et si vous aviés quelque conseil à me donner là dessus, je m'asseure que vostre avis seroit de modérer plus tost que d'augmenter la dépense à laquelle ma passion pour les livres et pour les curiosités m'engage n'estant pas le maistre de me retenir lorsque je trouve quelque chose qui me plaist.

———————

A Rochefort le 23 décembre 1692.

. . . .

On ne peut estre plus tranquille que je suis sur tout ce qui regarde les illustres qui entreront, ou qui n'entreront pas dans l'ouvrage de Mr Perrault auquel vous m'obligerés très sensiblement de dire que si entre les portraits qui sont gravés par Lubin il y a quelques uns qui ne lui conviennent pas qu'il peut, sans que cela me fasse la moindre peine en substituer d'autres en leur place, et garder les planches qui sont gravées pour le second ou troisième volume.

. . . .

M. de Villermont.

A Rochefort le 28 décembre 1692.

. . . .

Vous m'obligerés de m'envoier le portrait que vous avés de M. de Ste Marthe, ceux que j'ay estant mal gravés ce qui est cause que Lubin n'a pas encore travaillé ; pour Mrs Pithou je les ay très beaux et très bien conditionnés.

. . . .

BÉGON.

M. de Villermont.

———

A Rochefort le 10 janvier 1693.

. . . .

Je remercierai M. Perrault à la première occasion du paralele que vous m'avés envoié de sa part des anciens et des modernes [1], dont j'ay lu desjà la première partie, ayant toujours eu beaucoup d'estime pour ses ouvrages, et pour ceux de M^r son frère quoique je n'eusse point l'honneur de les connoistre.

Vous ne m'avez répondu qu'en termes généraux sur la proposition que je vous ai faitte de mettre

———

1. Voici le titre de cet ouvrage : *Parallèle des anciens et des modernes avec le siècle de Louis-le-Grand.* Poème par Ch. Perrault. Paris, 1688-1692, 4 parties in-12.

M. le Duc d'Orléans au nombre de ceux qui ont contribué à l'augmentation des sciences et des arts, et il me paroist par la dernière lettre que j'aye receue de Mr Perrault qu'il souhaite qu'on n'y mette aucun de ceux pour lesquels il m'a marqué de la répugnance, à quoi j'ay consenti de tout mon cœur, et comme feu Monsieur en est un, je crois que son dessein n'est pas qu'on le mette dans le premier volume, et ainsi je ne le ferai point graver que vous ou luy, ne m'ayés écrit sur cela plus positivement.

. . . .

BÉGON.

M. de Villermont.

———

A Rochefort le cinq février 1693.

. . . .

Je suis bien fasché que mes affaires ne me permettent pas d'entrer dans la Compagnie qui se forme pour les Mines des Pyrénées, mais la passion à laquelle je me suis laissé emporter depuis quelques années des livres, des médailles et des curiosités, jointe aux autres dépenses indispensables dont je suis chargé, ne me permettent pas d'entrer dans aucune affaire telle quelle puisse estre.

. . . .

BÉGON.

M. de Villermont.

A Rochefort le 10 février 1693.

. . . .

La Teste dont vous m'avés envoié l'empreinte est celle de Madame de Pontchartrain que je conserverai précieusement tant par la considération que je dois avoir pour celle qu'elle représente, que parce qu'elle vient de vous et qu'elle est très bien gravée.

. . . .

Il est vray que le bouclier de fer dont on m'a fait présent est d'une grande beauté, il est du genre des Boucliers qu'on apelle *Clypei votivi* dont Mʳ Spon parle dans ses recherches d'antiquité; il estoit chargé de deux ou trois pouces de rouille lorsqu'il fut déterré, mais celui qui me l'a donné l'a dérouillé si proprement que la dorure paroist encore, je ne crois pas qu'il soit possible de trouver le casque ni l'épée dont je suis résolu de me passer et de me contenter de ce que j'ay.

J'ay une autre pièce antique de fer qui est infiniment mieux conservée que ce bouclier n'ayant aucune rouille, c'est un strigil doré et damasquiné, il y en a un dans le cabinet de la Bibliothèque Sainte Geneviève, mais il n'est pas si beau que le mien.

. . . .

BÉGON.

M. de Villermont.

A Rochefort le 5 mars 1693.

. . . .

La médaille de l'Empereur Sevère qui estoit dans le tombeau dans lequel on a trouvé le bouclier, est fruste, et je ne l'ai reconnue qu'à la ressemblance, l'inscription estant effacée, le revers est une fortune debout.

M. Rigord m'a apporté 200 belles médailles que Mr Dron a achetées pour moy chés Alvarès ce qui enrichist beaucoup ma suitte de grand bronze.

BÉGON.

A M. de Villermont.

———

A La Rochelle le 3 may 1693.

. . . .

Je suis bien fasché de ne pouvoir escrire à M. Perrault que je ne sois de retour à Rochefort, vous m'obligerés de luy faire mes excuses lorsque vous le verrés et de l'assurer que le choix qu'il a fait est si bon que je me donnerais bien de garde de luy rien changer, mais je luy escriray seulement sur l'exécution.

. . . .

BÉGON.

A M. de Villermont.

———

A Bourbon le 12 septembre 1693.

· · · · · · · · · · · · · · · · · ·

J'ay lu avec bien du plaisir l'ode de M. Perrault et je n'en auray pas moins lorsque je liray la critique de celle de M^r des Préaux. je crains fort que ceste querelle ne retarde considérablement les éloges des illustres de ce siècle.

· · · · · · · · · · · · · · · · · ·

BÉGON.

M. de Villermont.

———

A Blois le 30 septembre 1693.

· · · · · · · · · · · · · · · · · ·

Je n'iray ny à Paris, ny à la Cour, mais je m'approcheray si près que je pourray vous donner un rendez-vous commode pour l'un et pour l'autre. Je seray fort aise de voir Mr Perrault.

· · · · · · · · · · · · · · · · · ·

BÉGON.

M. de Villermont.

———

A Blois le 16 octobre 1693.

. . . .

J'auray bien de la joye de vous voir, et Mr Perrault que j'honore infiniment.

. . . .

BÉGON.

M. de Villermont.

———

A Rochefort le 28 novembre 1693.

. . . .

Je ne suis pas fort riche en monnoyes anciennes, mais je garde avec soin toutes celles qui me tombent entre les mains, affin que lorsque j'en aurai assemblé un nombre un peu considérable de toutes les nations je puisse en faire des suittes complètes comme auroit faict autrefois Mr de Peiresc qui en avoit dans son cabinet de toutes nations et de tous métaux.

. . . .

BÉGON.

Mr de Villermont.

———

A Rochefort le 10 décembre 1693.

. . . .

Je vous remercie du soin que vous avés pris du

Sʳ Lubin, je vous prie de continuer et de lui persuader de rétablir sa santé par préférence à toutes choses.

. . . .

BÉGON.

M. de Villermont.

———

A Rochefort le 3 janvier 1694.

. . . .

Je n'ai pas receu le poême de Griselde [1] que vous me mandés m'avoir envoié, je le recevrai avec plaisir avec les deux autres dont vous me parlés, je suis bien aise d'apprendre que les éloges de Mʳ Perrault avancent, et je suis persuadé qu'aussitost que le Sʳ Lubin sera guéri, il se mettra en estat de mettre la dernière main à ses planches, affin qu'on puisse les tirer, et que mesme il travaillera à en faire de nouvelles si Mʳ Perrault en a besoin pour rendre son ouvrage parfait.

. . . .

. . . .

BÉGON.

M. de Villermont.

———

[1]. La Marquise de Salusse ou la patience de Griselidis; nouvelle. Paris, J.-B. Coignard, 1694, in-12. La première édition avait paru en 1691.

A Rochefort le 16 janvier 1694.

. . . .

Je vous suis très obligé de l'honneur que vous avez fait à mon portrait qui n'en vaut pas la peine, il auroit esté supprimé si j'en avois esté le maistre, aussitost que j'ai sçu qu'on l'avoit tiré j'ai prié le Père Sarrebourse de vous en envoier deux estampes de ma part que je vous prie de recevoir comme une marque de mon amitié.

Je ne scai si vous scavés qu'il y a plus d'huit ans que j'avois entrepris de faire un Villermontiana qui estoit composé des extraits de vos lettres qui méritoient d'estre conservées à la postérité, il y en avoit vingt-quatre cayers pour les 24 lettres de l'alphabet sous lesquelles j'avois rangé les matières, mais les affaires infinies que j'ay eues depuis ce tems là m'ont à peine laissé le tems de répondre avec attention à ce que vous avés pris la peine de m'écrire et cet ouvrage a esté interompu, je ne scai même si je pourrois trouver ce qui estoit fait lorsque je receus ordre de passer de Marseille icy où je n'ai pas eu un moment de loisir pour mettre mes papiers en ordre, mais pendant que Dieu nous donne de la santé vous pourriés vous mesme enrichir le public d'une infinité de remarques que vous avés faites tant dans vos voiages que dans le commerce que vous avés eu avec les scavans et avec les gens de qualité dont vous avés apris mille choses très importantes pour l'histoire de ce siècle, cela vaudroit mieux que tous les autres ana que nous avons eu jusques à présent qui font plus de mal que de bien à la réputation de leurs autheurs.

. . . .

BÉGON.

M. de Villermont.

———

A Rochefort le 24 janvier 1694.

. . . .

Je vous suis très obligé du portrait de Mʳ l'é-vesque de Challons pour la personne et la vertu duquel j'ay toute l'estime possible.

. . . .

BÉGON.

M. de Villermont.

———

A Rochefort le 7 février 1694.

. . . .

Je vous suis très obligé du soin que vous avés pris d'envoier par avance mon portrait à Mʳ Ber-nier qui est depuis fort longtems bon ami de ma famille, s'il n'avoit point esté aussi infirme qu'il l'est, j'aurois tasché de l'attirer ici, mais il est trop vieux pour estre transplanté.

. . . .

Je ne doute pas que Mr Perault ne vous ait fait voir le frontispice qu'il me mande avoir fait dessiner pour l'entrée de son livre [1].

. . . .

BÉGON.

Mr de Villermont.

A Rochefort le 25 février 1694.

. . . .

Je vous prie d'envoier un laquais chés le P. de Sarrebourse qui ne manquera pas de lui donner les deux portraits destinés pour Mrs Bernier et Collinet.

Je n'ay pas la médaille de l'Empereur que vous m'offrés et je l'accepte avec reconnoissance pour joindre à une que j'ay au revers de laquelle est l'Empereur dans un char de triomphe dont les chevaux foulent aux pieds les écussons sur lesquels sont des croissants et des fleurs de lys avec ces mots, *Triumphator gentium barbararum.*

---

1. Ce frontispice fut gravé sous la direction de Gérard Edelinck, d'après un peintre nommé Bonet; il représente une série de grands hommes défilant devant la statue équestre de Louis XIV. Le Département des Estampes de la Bibliothèque nationale possède une épreuve de cette planche dans laquelle la tête du Roi et les têtes des personnages qui forment le cortége ne sont pas encore gravées. Elle permet de reconnaître facilement ce qui, dans cette planche, est dû au burin de G. Edelinck.

M. Gaillard Commissaire de la Marine m'a dit
que la porcelaine qui nous vient du Canada et les
calumets de marbre et de porphyre que nous croyons
estre travaillés par les sauvages leur sont portés
par les Anglois qui tirent la porcelaine de Guynée
et la font travailler en Angleterre où se font aussi
les calumets. J'ay bien de la peine à croire que cela
soit vray, mais comme vous avés beaucoup de
connoissance de ces sortes de curiosités, je vous
prie de m'en mander vostre sentiment.

. . . .

BÉGON.

M. de Villermont.

———

A Rochefort le 6 mars 1694.

. . . .

Mon fils m'a aporté l'estampe que vous lui avés
donnée de Mʳ de Chalons dont je vous suis très
obligé.

. . . .

BÉGON.

Mʳ de Villermont.

———

A La Rochelle le 24 may 1694.

. . . .

Vous trouverez cy joint le blason des Armes de

Mr de Peiresc qui m'a esté envoyé par M^r de Ma-
zogues je vous prie de le donner au Sr Lubin.

. . . .

BÉGON.

Mr de Villermont.

A La Rochelle le 6e juin 1694.

. . . .

Le Sr Lubin fera bien de ne pas partir qu'il ne
soit parfaitement guéri ; je vous remercie de la carte
de Neufchastel, et du portrait que luy avez
donné pour moy. Anisson a un portrait du P. Thomassin à m'envoyer, si Lubin n'estoit pas parti,
il me feroit plaisir de le prendre.

J'ay leu le livre de Mr de Bussy-Rabutin qui n'est
pas grand'chose, cependant on le lit agréablement
parce que le stile en est beau ; j'attens la relation du
voyage de M^r de St Olon qu'on me promet pour
le prochain ordinaire.

La dissertation sur les ouvrages de Rubens [1]
dont vous m'escrivez doit estre très curieuse, je

---

1. Il est ici question de la dissertation de de Piles, qui
occupe trente-huit pages dans « *Dissertation sur les ouvrages des plus fameux peintres.* » Dédiée à Monseigneur
le duc de Richelieu. Paris, 1681, in-12.

vous prie de me mander par qui elle a esté imprimée.

J'ay receu la pièce d'argent de Neufchastel que
vous m'avez envoyée que j'ay mise avec les monnoyes étrangères dont je fais un recueil, je vous en
suis très obligé.

. . . .

BÉGON.

Mr de Villermont.

A La Rochelle le 29 aoust 1694.

. . . .

Mr Bergier m'a remis le portraict de Mad^{elle} Chéron [1] dont je vous suis très obligé, je le conser-
verai avec soin aussy bien que les monnoyes que
vous m'avés envoyées avec vostre lettre du 25 que
je viens de recevoir, ce sont des monnoyes de
St Louis et du Roy Philipes son fils, je vous en
rends très humbles graces.

. . . .

BÉGON.

M. de Villermont.

----

1. Portrait gravé par Mademoiselle Chéron elle-même, et
destiné à être placé en tête des Pseaumes.

A Rochefort le 20 novembre 1694.

. . . .

Je ne crois pas qu'on puisse mieux faire l'éloge de Mr Arnaud qu'en faisant une simple histoire de tous ses ouvrages sans prendre aucun parti de les défendre ny de les blamer ; c'est un homme auquel on n'ostera jamais la qualité d'avoir esté un des plus scavans de ce siècle.

Je ne crois pas que la comparaison avec St Francois Xavier convienne aux Jésuites qu'il est à propos de ménager.

. . . .

J'ay fait rendre à Lubin la lettre que vous m'avez adressée pour luy, il craint fort de perdre la veüe ; ce que je ne crois pas qui luy arrive, mais il est en danger de n'estre plus en estat de travailler.

. . . .

BÉGON.

A Mr de Villermont.

———————

A Rochefort le 5 décembre 1694.

. . . .

Je n'ay aucune inclination particulière pour Mr Arnaud sur lequel Mr Perrault fera tout ce que luy et ses amis jugeront estre pour le mieux, pour moy j'approuveray tout ce qu'il fera.

. . . .

Le Sʳ Lubin dit que l'eau que vous luy avez donnée ne luy a fait aucun bien, ses yeux sont fort beaux, et il croit que le mal dont il est attaqué vient des saignées qu'on luy a faites.

. . . .

Je vous remercie du soin que vous avez pris d'envoyer chez Mʳ Massiot les portraits de Mʳ d'Angers et de Mʳ Arnaud.

. . . .

BÉGON.

Mʳ de Villermont.

———

A La Rochelle le 14 décembre 1694.

. . . .

J'ay receu avec reconnoissance la nouvelle monnoye de Neufchastel que vous m'avez envoyée, qui tiendra une place très honorable dans mon recueil de monnoyes qui est considérablement augmenté depuis deux mois en ayant achetté plus de cent différentes de tous métaux.

J'ay aussi receu le portrait du Roy que le Père Coronelli a fait graver, je crois qu'il a donné lieu aux fastes dont vous m'avez cy devant escrit, qui sont beaucoup plus amples et plus exacts.

. . . .

BÉGON.

Mʳ de Villermont.

A Rochefort le 16 janvier 1695.

. . . .

M. Massiot est de retour, il me mande qu'il a aporté vos deux portraits bien conditionnés qu'il me remettra la première fois que j'iray à la Rochelle.

J'ay la dernière édition du Vitruve de Mr Perrault [1] dans lequel il y a un profil des Piliers de Tutèle, mais je croys que ce que vous m'envoyés sera plus exact et plus parfait.

. . . .

Une femme estant accouchée à Surgères d'une fille à deux testes, je l'ay fait aporter icy et accommoder de manière qu'elle se conservera longtemps ; j'en ay fait faire une figure de cire très ressemblante à l'originale.

. . . .

BÉGON.

Mr de Villermont.

———

A La Rochelle le 17 juillet 1695.

. . . .

J'ay l'histoire de la conjuration contre Descartes

---

1. Les dix livres d'architecture de Vitruve corrigés et traduits en français, avec des notes, par Perrault. Paris. J.-B. Coignard. 1684. In-fol. La première édition de cet ouvrage avait paru en 1673.

dont vous m'escrivez. C'est un badinage qui n'est pas de mon goust. Je renvoye aujourd'huy à Mʳ Perrault dix de ses éloges que j'ay leus avec bien du plaisir. Je suis persuadé que vous en serez aussy content que moy estant beaucoup plus capable d'en juger. Je luy renvoiray incessamment les autres.

.   .   .   .

BÉGON.

Mʳ de Villermont.

A La Rochelle le 11 aoust 1695.

J'ay receu, Monsieur, les lettres que vous m'avez fait l'honneur de m'escrire le 29, 31 du passé, 1ᵉʳ et 5 du courant par lesquelles j'ay esté bien aise d'aprendre que Mʳ Perrault est content des observations que j'ay faites sur ses éloges. Je travaille à ceux qui me restent, mais je suis détourné par tant de voyages qu'il ne m'est pas possible de faire toute la diligence que j'y aporterois si le courant des affaires ne m'entrainoit pas d'ailleurs.

.   .   .   .

BÉGON.

Mʳ de Villermont.

A Rochefort le 3 avril 1696.

. . . .

Je vous remercie par avance du portrait de
Mr Nicole et du mémoire si bien écrit que vous
m'offrés.

. . . .

                                        BÉGON.

M. de Villermont.

———

A La Rochelle le 1er may 1696.

. . . .

Je souhaite avec passion que Mr Perrault ayt
satisfaction de la visite qu'il doit rendre à M^r le
Chancelier.

Lubin me doit remettre incessamment les cinq
planches qui manquent que j'envoiray à Paris par
le messager, Dimanche prochain.

. . . .

                                        BÉGON.

M. de Villermont.

———

A La Rochelle le 7 mars 1697.

. . . .

Je n'ay point le recueil des 55 portraits dont

vous m'écrivez, vous me ferez plaisir de les envoyer
à Dezallier qui doit faire partir bientost un ballot;
celuy qu'il m'a envoyé en dernier lieu n'est arrivé
que d'hyer, j'y ay trouvé les 80 portraits que vous
m'avez fait la grâce de m'envoyer que j'ay vus
avec bien du plaisir, il n'y en a que 4 ou 5 que
j'ay dejà que je vous renvoiray par la première
occasion que j'en auray avec d'autres portraits
doubles que je feray chercher dans mes recueils
aussitost que je seray de retour à Rochefort.

J'ay parcouru le livre de Mr Perrault dont je
suis très content aussi bien que tous ceux qui l'ont
vu, il n'y a que cinq ou six estampes qui le gastent,
il seroit à désirer qu'on pût les en oster pour en
substituer en leur place de mieux gravées, mais
puisque c'est une chose faite, il faut s'en consoler
et songer tout de bon à n'employer que d'excellens
ouvriers pour le 2e vol. J'attens la réponse de
Mr Perrault à la lettre que je luy ay écrite sur ce
sujet. Je vous prie de le féliciter sur le bon succès
de son ouvrage.

.   .   .   .

BÉGON.

Mr de Villermont.

———

A La Rochelle le 17 mars 1697.

J'ay receu, Monsieur, les lettres que vous m'a-
vez fait l'honneur de m'escrire les 9 et 13 de ce

mois. Je n'ay pas encore receu celle que vous me mandez me devoir estre écrite par Mr Perrault, mais j'espère que tout ira bien.

. . . .

Vous ne vous lassez point de m'enrichir de vos présens dont je ne puis assez vous marquer ma reconnoissance. Le jour que nous dinâmes ensemble chez Mr Rouillé, Madame Rouillé envoya chercher le regard des portraits de Mrs de Santeul et Gourdan dont elle me fit présent au bas duquel est le distique que vous m'avez envoyé que le Sr Diereville a ainsi traduit en françois :

Ah qu'ils sont différents de mœurs et de visage
L'un nous chante les saints et l'autre en est l'image.

. . . .

BÉGON.

Mr de Villermont.

———

A La Rochelle le 8 juillet 1698.

. . . .

Dezallier ne m'a pas encore envoyé la lettre pastorale de Mr de Chartres qu'il a imprimée.

J'ay de la peine à croire que l'édition du premier volume des Illustres soit presque consommée, si cela estoit, il faudroit que Dezallier l'eut débitée sans les portraits ou qu'on eut trouvé moyen d'en

tirer sans ma participation parce que de 1500 qui
doivent estre fournis, on n'en a pas encore fourni
le tiers, vous me ferez plaisir d'aprofondir un peu
la chose, et de me mander où on en est pour le second volume.

. . . .

BÉGON.

Mr de Villermont.

A Rochefort le 18 janvier 1699.

. . . .

Vous trouverez cy-joint un billet pour vostre
remboursement de ce que vous avez payé pour la
belle Médaille de Madame la princesse de Conty et
pour les jettons nouveaux ; quoy qu'on ne me
donne point celuy des Galères je m'en passeray,
parce que lorsque je seray à Paris il me sera fort
aisé d'en avoir en donnant un de ceux de la Marine à la place.

Vous ne m'avez rien répondu à la prière que je
vous ay faite de scavoir si on pourroit avoir quel-
ques-unes des principales médailles du Roy particulièrement des dernières pour le poids de l'argent.

J'ay receu les sept petits portraits du Roy que
vous m'avez envoyé qui sont très beaux et auxquels j'ay donné la place honorable qu'ils mé-

ritent dans mes recueils, je vous en fais mes remerciemens.

Mon fils m'escrit que Madame Rouillé luy a fait présent d'une très belle médaille d'or qu'il m'envoira pour enrichir mes suites dans lesquelles il vient toujours quelque chose de nouveau.

. . . .

BÉGON.

A Mr de Villermont.

A Rochefort le 9 janvier 1700.

Mr de Beaureims ne m'a rendu, Monsieur, que depuis deux jours la lettre que vous m'avez fait l'honneur de m'escrire en sa faveur le 2 du mois passé avec les portraits que vous m'avez envoyés dont je vous remercie, ils augmenteront très considérablement mes recueils.

. . . .

BÉGON.

Mr de Villermont.

A Rochefort le 6 mars 1700.

. . . .

Je prens beaucoup de part aux grandes afflictions

que Dieu a envoyé coup sur coup à Monsieur Perrault.

. . . .

BÉGON.

Mᵣ de Villermont.

————

A Rochefort le 27 mars 1700.

. . . .

J'ay receu les six portraits que vous m'avez envoyés dont je vous remercie, vous pouvez envoyer
les grands chez le Sᵣ Bachot qui loge rue Sᵗ Martin vis à vis la rue Verbois, il doit m'envoyer un
ballot au premier jour, je vous en fais mes remerciemens par avance, je n'avois aucun des six que
j'ay receu avec la vostre.

. . . .

BÉGON.

M. de Villermont.

————

A Rochefort le 8 avril 1700.

. . . .

Je vous remercie des portraits que vous avez envoyés à Mᵣ Bachot pour moy.

. . . .

BÉGON.

Mᵣ de Villermont.

A Rochefort le 27 may 1700.

. . . .

Le Ballot dans lequel Mr Bachot avoit mis vos estampes est arrivé depuis quelques jours, elles sont belles et curieuses, ce qui m'oblige à vous réitérer par celle-cy les remercimens que je vous ay dejà faits sur ce sujet.

. . . .

BÉGON.

Mr de Villermont.

A La Rochelle le 8 juin 1700.

. . . .

Dezallier m'a écrit qu'il m'envoiroit au premier jour le second tome des illustres que je liray avec bien du plaisir ; il m'a envoyé depuis peu quantité de beaux livres qui ornent fort ma Bibliothèque.

. . . .

BÉGON.

Mr de Villermont.

A Rochefort le 20 juin 1700.

. . . .

Mr Dezallier m'escrit qu'il m'a envoyé le second

volume des illustres que je liray avec bien du plaisir
lorsque je seray de retour icy, où j'espère voir à la
fin du mois prochain Mʳ le Peletier.

.   .   .   .

BÉGON.

Mʳ de Villermont.

———

A Rochefort le 2 septembre 1700.

.   .   .   .

Je n'ay pas le jetton de cuivre des Pelerins d'Em-
maus que vous m'avez destiné, et dont je vous remercie aussi bien que des nouvelles dont vous
m'avez fait part.

.   .   .   .

BÉGON.

M. de Villermont.

———

A Rochefort le 20 novembre 1700.

J'ay receu, Monsieur, la lettre que vous m'avez
fait l'honneur de m'escrire le 10 de ce mois, et j'ay
vu quelque part la médaille de Sᵗ Louis dont vous
m'écrivez que je n'ay pas et dont je vous remercie
par avance aussi bien que de l'estampe que je
mettray dans le recueil que j'ay des pièces gravées

d'après les Caraches. J'ay très peu d'estampes de cette espèce, cette manière de graver estant nouvelle, et la plus part de mes recueils très anciens.

. . . .

BÉGON.

Mr de Villermont.

———

A Rochefort le 1er janvier 1701.

. . . .

J'ay plusieurs portraits de M^r le premier Président de Thou, mais je n'ay pas celuy que vous m'offrez que j'ay honte d'accepter n'ayant rien à vous offrir qui soit digne de vous.

. . . .

BÉGON.

Mr de Villermont.

———

A Rochefort le 22 janvier 1701.

. . . .

Lubin a copié le portrait de Mr de Thou sur celuy qui est dans le livre de son histoire imprimé à Genève en assez mauvais papier, mais je ne l'ay point dans mes recueils.

. . . .

Je n'ay jamais vu la relation des Isles de Tremiti, ny le portrait du Pape Sixte Quint en taille de bois, dont je vous seray fort obligé si vous me faites la grâce de me l'envoyer.

. . . .

BÉGON.

Mr de Villermont.

A Rochefort le 8 fevrier 1701.

. . . .

Le Sr Lubin n'est pas de même (en bonne santé) estant toujours très gueux et très infirme.

. . . .

BÉGON.

Mr de Villermont.

A Rochefort le 22 mars 1701.

. . . .

Je vous remercie des trois portraits que vous avez remis à Mr De Ferolles pour lequel je fais préparer le Zerypsée dont le Capitaine n'est pas encore nommé.

. . . .

Je vous envoiray au premier jour l'extrait de

l'Inventaire de ma Bibliothèque par lequel vous verrez ce que j'ay de relations étrangères et livres de voyages.

. . . .

BÉGON.

Mr de Villermont.

A Rochefort le 29 mars 1701.

J'ay receu, Monsieur, les lettres que vous m'avez fait l'honneur de m'écrire le 21 et le 23 de ce mois, par lesquelles je vois que vous ne vous lassez point d'enrichir mon cabinet dont je vous fais bien bien des remercimens.

Je vous prie de bien remercier pour moy le sieur Landry [1] de l'honnesteté qu'il a eu de m'envoyer le portrait du Roy d'Espagne je le confronteray avec celuy que j'ay dejà sur la cheminée de mon cabinet peint d'après Rigaud que tout le monde trouve assez bien fait.

Je suis bien aise d'aprendre que le Sr Landry est gendre de M. Collinet pour la famille duquel vous scavez que j'ai toujours eu toute la considération possible. Je ne scais pas encore si je feray la dé-

---

1. Il s'agit ici de Pierre Landry, graveur, né à Paris vers 1639, qui signa comme éditeur un grand nombre de planches d'un format immense auxquelles il n'avait pas mis la main.

pense d'une dédicace pour le Baccalauréat de mon
fils, j'ay encore du temps à y penser.

. . . .

BÉGON.

M. de Villermont.

—————

A Rochefort le 13 avril 1701.

. . . .

Le Sr Girardon m'a envoyé son portrait et le
tombeau du Cardinal de Richelieu [1] avec quelques
autres pièces qu'il a fait graver. Je vous prie de ne
me les pas envoyer ny le livre du père Belprat et
je ne vous en suis pas moins obligé que si je l'avois
reçu.

. . . .

BÉGON.

M. de Villermont.

—————

A Rochefort le 23 avril 1701.

J'ay reçeu, Monsieur, les lettres que vous m'avez
fait l'honneur de m'écrire le 28e du mois passé, le

—————

1. Girardon fit graver le tombeau du cardinal de Richelieu placé dans l'église de la Sorbonne par Charles Simonneau et Bernard Picart; ce sont les 4 planches gravées par
ces artistes qu'il avait envoyées à Mich. Bégon.

16 et le 19 du courant avec un billet par lequel vous me mandés avoir remis au sieur de Mahury le Roulleau d'estampes, et la boette de jade que vous me faites la grâce de m'envoyer.

. . . .

BÉGON.

Mr de Villermont.

————

A Rochefort le 10 may 1701.

J'ay receu, Monsieur, les lettres que vous m'avez fait l'honneur de m'écrire le 30 du mois passé, le 2 et le 4 du courant avec tout ce que vous y avés joint de la part de Mr Perrault, auquel je vous prie d'en bien faire mes remercimens lorsque vous aurez occasion de le voir. Je lûs hier dans mon carrosse, en revenant de Saintes icy les deux pièces de sa façon avec toute la satisfaction possible.

J'ay mis dans mes recueils le rare portrait que vous m'avez envoyé du comte de Harfort dont je vous remercie, et de toutes les curieuses nouvelles que vous m'avez envoyées.

. . . .

BÉGON.

M. de Villermont.

————

A Saintes le 26 may 1701.

. . . .

Je n'ay pas encore receu les onze portraits dont
vous m'avez envoyé la liste ; je les trouverai peut-
estre à la Rochelle aussi bien que ce que vous m'a-
vez mandé avoir remis à M. de Manury que je
n'ay pas encore vu.

. . . .

J'ay dans mes recueils grand nombre de portraits gravés par Gagnères ¹. . . . .

. . . .

BÉGON.

Mr de Villermont.

———

A La Rochelle le 12 juillet 1701.

· J'ay receu, Monsieur, la lettre que vous m'avez
fait l'honneur de m'écrire le 6e de ce mois par laquelle je vois le soin que vous avez pris d'envoyer
à Mr Bachot vos deux livres avec 14 portraits dont
je vous fais mes remerciments. Il les mettra dans

———

1. Il est probablement question ici de Jean Ganière,
graveur de portraits et marchand d'estampes, qui demeu-
rait à Paris, rue Saint-Jacques, à l'image de Saint-Louis.
Cet artiste que l'abbé Zani regardait comme très-habile
vivait sous Louis XIII.

le premier ballot qu'il m'envoira parce que celuy dont je vous avois parlé estoit parti.

.   .   .   .

BÉGON.

M. de Villermont.

————

A Rochefort le 4 septembre 1701.

.   .   .   .

Mr Bachot doit m'envoyer un miroir dans la caisse duquel il pourra mettre les portraits que vous m'avez fait la grace de me donner.   .   .   .

.   .   .   .

BÉGON.

Mr de Villermont.

————

A Rochefort le 22 septembre 1701.

.   .   .   .

Vous trouverez cy joint la notte du portrait de Philippe Leroy [1].

.   .   .   .

————

1. Antoine Van Dyck a gravé lui-même à l'eau-forte le portrait de Philippe Leroy.

Ant. Vandeik pinxit. Philippus Le Roy dominus de
Rauels etc. Artis pictoriæ ama-
Paul de Pont sculpsit. tor et cultor. A° 1631.

Il est peint jusques à la ceinture, il a la main droite sur la teste d'un levrier et la gauche sur son espée.

BÉGON.

M. de Villermont.

A Rochefort le 18 octobre 1701.

J'ay receu, Monsieur, la lettre que vous m'avez fait l'honneur de m'écrire avec la belle description que vous y avez jointe du magnifique Chasteau de Colomiers d'où je souhaite que vous ayiez raporté une bonne santé; Mʳ Collinet m'ayant écrit que vous deviez estre de retour samedy dernier, et qu'il vous attendoit pour se déterminer sur la route qu'il prendra pour se rendre icy, J'ai communiqué sa lettre à un des Directeurs de la Compagnie qui m'a dit qu'il trouveroit sa maison preste et qu'il luy feroit toute sorte de bon accueil.

Je n'ay point le livre de Dominico Fontana, mais j'ay celuy du P. Kirker qui a expliqué à toute avanture l'obélisque dont vous me parlez. J'ay aussi une estampe très belle et très ancienne de la facade de l'Eglise de Sᵗ Pierre de Rome, dans laquelle cet obélisque est à demy elevé, mais les machines n'y sont point figurées; J'ai aussi le livre de M. de

Montconis dans lequel j'ai lu ce que vous me marquez.

J'ay aussi une estampe de la Place Navonne et une autre séparée de la Fontaine qui est au pied de l'obélisque laquelle est dans un recueil que j'ay de toutes les fontaines qui sont à Rome et aux environs.

J'ay aussi trouvé dans mon recueil de Sylvestre deux très belles vues du Chateau de Colomiers, l'une du costé de la cour, et l'autre de celuy du jardin ce qui donne une très grande idée de cette maison.

J'ay enfin receu le livre et les estampes que vous avez envoyés à Mr Bachot dont j'ay esté charmé, toutes les estampes estant rares et gravées par de bons maitres. Elles me manquoient toutes à la reserve de trois, je leur ay aussitost donné la place honnorable qu'elles méritent dans mes recueils que vous avez très considérablement enrichis. On a imprimé depuis peu une histoire d'Angleterre dont nous n'avons encore que deux volumes, on y a mis les portraits des Roys et grands seigneurs qui sont assez bien gravés, mais cependant cette graveure toute belle qu'elle est n'approche pas de celle de vostre livre.

. . . .

BÉGON.

J'ai dans mes recueils une veue de Colomiers

telle qu'il estoit avant qu'on eut commencé à bastir le chasteau.

Mr de Villermont.

A Rochefort le 6 novembre 1701.

. . . .

Je fais dessigner la veue que j'ay de l'ancien Colomiers par un des meilleurs Dessineurs qui soit en France, je vous l'envoiray aussitost qu'elle sera faite. Elle est dans un recueil d'un gros livre in fol. relié en maroquin verd et doré sur la tranche qui a autrefois apartenu à feu M. le Comte d'Alais dans lequel il y a mille ou 1200 veues différentes de la plus grande partie des belles maisons qui sont dans le royaume.

. . . .

J'ay le Vitruve et le Traité d'Architecture de Mr Perrault. Je vous suis très obligé de la belle description que vous me faites de l'Alambra.

. . . .

BÉGON.

Mr de Villermont.

A La Rochelle le 19 novembre 1701.

. . . .

J'envoye aujourd'hui à mon fils la copie que j'ay

fait faire par le Sr Raffin du vieux plan de Colomiers dont je vous ay ci devant écrit, il ne manquera pas de vous le porter ou de vous l'envoyer
la première fois qu'il ira à Paris.

Les Desseins de poupes auxquelles le Sr Berin [1]
travaille ne peuvent regarder le port de Rochefort
où nous ne sommes pas en estat de bastir de longtemps de gros vaisseaux. . . . .

. . . .

BÉGON.

M. de Villermont.

———

A Rochefort le 29 novembre 1701.

. . . .

Je fais actuellement bastir une Galerie qui donnera de nouveaux agrémens à mon Cabinet qui est
dejà un des plus beaux du Royaume.

. . . .

BÉGON.

Mr de Villermont.

———

1. Il s'agit ici de Jean Berain, né vers 1638 et mort le
27 janvier 1711, qui dessina un grand nombre d'ornements
fort recherchés de nos jours. A la mort de Ch. Lebrun,
Berain remplaça cet artiste dans la charge de contrôleur de
toute la décoration extérieure des vaisseaux du Roi.

A Rochefort le 3 décembre 1701.

.   .   .   .

Mon fils m'accuse la réception de la veue de Colomiers, il me mande qu'il vous l'envoira aussitost
qu'il sera à Paris.

Je vous remercie par avance du portrait du Roi
de Suède, et des beaux vers que vous m'avez envoyés à sa louange.

Je vous suis très obligé de ce que vous m'écrivez
de nouveau sur l'Alambra dont j'ay dans mes recueils cinq ou six veues différentes qui sont assez
bien gravées. J'ay aussi dans mon droguier de ces
petites pierres cuiteš donṭ vous me parlez, mais je
ne scais si vous avez observé quelles sont toutes de
verre, les miennes ont esté tirées de Sᵗᵉ Sophie de
Constantinople et je ne doute pas que celles de l'A-
lambra ne soient de mesme qualité. J'ay aussi plusieurs pièces Antiques de marbre granite, mais je
n'en ay aucune qui soient d'un beau poly, soit que
les Egyptiens n'eussent pas autrefois le secret de
polir le marbre, soit que celuy de leur pays ne se
police pas comme celuy d'Europe.

.   .   .   .

BÉGON.

Mʳ de Villermont.

A Rochefort le 6 décembre 1701.

. . . .

Je vous remercie par avance de l'Almanach historial, et du portrait du Roy d'Espagne que vous devez m'envoyer. Je connois de réputation le Sr Landry, et j'ay dans mes recueils plusieurs de ses pièces.

. . . .

BÉGON.

M. de Villermont.

———

A Rochefort le 20 décembre 1701.

. . . .

Je vous suis très obligé des cinq nouveaux portraits que vous avez joints à celuy du Roy de Suède, je crois que Mr Dezallier aura bientôt occasion de m'envoyer un ballot dans lequel on pourra les mettre.

. . . .

BÉGON.

Mr de Villermont.

———

A Rochefort le 27 décembre 1701.

J'ay receu, Monsieur, les lettres que vous m'avez fait l'honneur de m'écrire le 18 et le 21 de ce mois et j'ai rendu à Mʳ Collinet celle que vous m'avez adressée pour luy, je ne manqueray pas de luy remettre les trois almanachs lorsqu'ils seront arrivés ; Cependant je vous prie de bien faire mes remerciemens a Mʳ Landry des Almanachs et des estampes qu'il vous a donnés pour moy, je leur donneray dans mes recueils le rang honorable qu'ils méritent.

. . . .

Je fais des reproches à mon fils du peu de diligence qu'il a porté à vous envoyer la veue de Colomier.

. . . .

Le Père Plumier m'a envoyé la traduction quil a commencé de faire en latin des éloges de Mʳ Perrault, je ne sçais s'il prendra la résolution d'aller jusqu'au bout, il est charmé des nobles expressions et de la manière élégante de Mʳ Perrault qu'il met au dessus de tous les auteurs qui ont jusqu'à présent fait des éloges. . . . .

. . . .

BÉGON.

M. de Villermont.

A Rochefort le 3 janvier 1702.

. . . .

Je vous remercie du Rouleau d'estampes que vous avez envoyé à Monsieur Bachot, je ne doute

pas qu'il ne l'ayt donné à M. Dezallier pour le
mettre dans le ballot qui doit estre à présent
parti.

Je vous fais mes excuses de la négligence de mon
fils auquel j'ay écrit deux fois pour luy en faire des
reproches, il m'a mandé par la dernière lettre que
j'ay receu de luy qu'il vous envoiroit vostre plan
avec un livre italien dont on m'a envoyé deux
exemplaires . . . .

. . . .

Je ne suis pas surpris que l'envoyé de Portugal
ayt trouvé dans vostre Bibliothèque plusieurs livres Portugais dont il n'avoit jamais ouy parler,
parceque les gens de cette nation ne se piquent pas
d'une grande érudition, mais vous le serez sans
doute lorsque je vous diray qu'un homme qui s'est
acquis beaucoup de réputation en France et qui
s'est fort elevé par son mérite estant avec moy
dans ma Bibliothèque me dit qu'il avoit une Bibliothèque entièrement composée de livres de mathématiques et particulièrement d'architecture, et
qu'il ne luy en manquoit pas un seul de ceux qui
ont esté imprimés en quelque langue que ce soit,
je mis aussitost la main sur quelques-uns de ces
sortes de livres pour le prier de me dire le jugement qu'il en faisoit, mais je fus étonné qu'il tira
ses tablettes de sa poche pour en prendre les titres
m'avouant de bonne foy que non seulement il ne
les avoit jamais vûs, mais qu'il n'en avoit pas
même entendu parler, Cependant je ne suis pas

riche en ces sortes de livres dont il m'en manque
dix fois plus que je n'en ay.

.   .   .   .

BÉGON.

M. de Villermont.

———————

A Rochefort le 21 janvier 1702.

.   .   .   .

J'ay bien grondé mon fils de sa négligence à
vous envoyer ce que je luy ay adressé pour vous ;
il me paroit par la réponse qu'il me fait que le
Plan de Colomier est égaré, lorsque je le sauray
entièrement perdu je tacheray d'en faire faire un
autre, ce qui ne sera pas si facile qu'il l'a esté par
ce que le Sr Raffin est à présent chargé du bureau
de la poste, ce qui joint aux occupations qu'il avoit
dejà l'occupe si fort que je n'ay pu tirer de luy depuis deux mois un plan que je luy avois donné à
copier.

.   .   .   .

BÉGON.

M. de Villermont.

———————

A Rochefort le 29 janvier 1702.

.   .   .   .

Le ballot de Mr Dezallier est enfin arrivé dans

lequel j'ay trouvé vos Portraits qui sont d'une
beauté charmante dont je ne puis assez vous remercier.

. . . .

BÉGON.

Mr de Villermont.

A Rochefort le 31 janvier 1702.

. . . .

Il est vray que Lubin travaille depuis sept ans à
graver un portrait plus grand que le premier qu'il
a fait de moy, mais c'est un ouvrage qui ne sera de
longtemps fini, vous pouvez bien juger que lorsqu'on sera en estat d'en tirer des estampes, vous
aurez des premières épreuves, et des mieux conditionnées.

. . . .

BÉGON.

Mr de Villermont.

A Rochefort le 4 février 1702.

. . . .

Le Sr Raffin m'a offert de bonne grâce de tout
quitter pour travailler au plan de Colomiers, J'es-

père qu'il me le donnera bien tost et que je seray en estat de réparer cette petite perte.

. . . .

Je n'ay point le portrait du Sʳ de La font, vous me ferez plaisir de me l'envoyer lorsque Mʳ Bachot m'envoira un ballot.

. . . .

BÉGON.

Mʳ de Villermont.

———

A Rochefort le 23 mars 1702.

. . . .

Mon frère a fait pour moy à Mʳ le Chancelier la mesme demande que Mʳ l'abbé Dangeau a fait au Roy de son histoire par les médailles je dois la recevoir au premier jour dans un ballot que M. Bachot fait préparer, ce qui n'empeschera pas que je ne fasse encore venir celle qu'on imprime in-4° ne doutant pas qu'il n'y ayt quelque différence soit dans la graveure ou dans l'impression. On m'a mandé qu'on avoit retranché la préface dans le volume qu'on m'envoye, s'il y avoit moyen d'en recouvrer une copie cela me feroit plaisir.

. . . .

BÉGON.

Mʳ de Villermont.

———

A Rochefort le 22 avril 1702.

. . . .

J'ay aussi vu la Bible dont vous m'écrivez, dont les tailles-douces ne m'ont pas paru d'un gout fort exquis ; j'en ay d'anciennes qui sont infiniment plus belles ; il n'a tenu qu'à moy de l'avoir pour 80 liv. bien reliée et conditionnée. Mais je n'ay pas jugé à propos de faire cette dépense dans un temps où l'on doit se retrancher sur tout ce qui n'est pas absolument nécessaire.

. . . .

BÉGON.

M. de Villermont.

A Rochefort le 8 juin 1702.

. . . .

Je vous remercie par avance des sept portraits que vous devez donner à mon fils pour me les aporter.

. . . .

Le Sr Edelinck [1] n'est pas encore parti, il voudroit bien se dispenser de faire ce voyage.

. . . .

BÉGON.

M. de Villermont.

---

1. Il est déjà question d'Edelinck dans une lettre du 6 may 1702 qui n'a aucun rapport avec les questions qui

A Rochefort le 18 juin 1702.

. . . .

J'ay receu les deux rouleaux de papier du Japon, et les sept portraits que vous m'avez envoyés entre lesquels il s'en est trouvé cinq que je n'avois pas qui sont très curieux, je vous en suis très obligé.

. . . .

BÉGON.

M. de Villermont.

———

A Rochefort le 1ᵉʳ juillet 1702.

. . . .

Il (le père Florent de Brandebourg) m'a donné une médaille du deffunt pape sur l'ouverture de la Porte Sainte qui est très belle et bien gravée, à laquelle j'ay donné le rang honorable qu'elle mérite dans ma suite des Papes où elle n'estoit pas encore parce que ce sont ordinairement les plus nouvelles qui me manquent, en ayant beaucoup plus à proportion d'anciennes que de modernes.

. . . .

BÉGON.

M. de Villermont.

———

nous occupent ici. A quelle occasion Gérard Edelinck aurait-il donc été à Rochefort?

A La Rochelle le 27 juillet 1702.

. . . .

Vous me ferez plaisir de m'envoyer l'estampe de l'église d'Upsal gravée par Marot ne l'ayant point.

. . . .

BÉGON.

M. de Villermont.

A La Rochelle le 10 aout 1702.

J'ay receu, Monsieur, les lettres que vous m'avez fait l'honneur de m'écrire le 22 du mois passé et le 4 du courant avec la veue que vous y avez jointe de l'Eglise d'Upsal dont je vous remercie, je la connoissois déjà par les figures qui sont gravées dans la vie de Charles Gustave où il y en a un très grand nombre.

. . . .

BÉGON.

M. de Villermont.

A Cognac le 28 septembre 1702.

. . . .

Je vous suis très obligé des nouvelles estampes que vous me destinez qui me paroissent toutes très

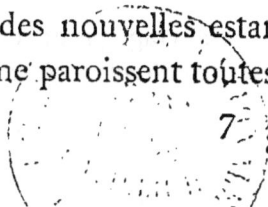

7

curieuses, et qui auront un rang honorable parmy le plus grand nombre de celles que vous m'avez cy-devant envoyées.

. . . .

J'ay très particulièrement connu Mʳ Brunier, premier de Gaston, oncle du Roy, et toute sa famille. Je sais que Madᵉ Janisson est sa fille, je crois avoir le portrait que vous m'en envoyez n'y ayant pas d'aparence qu'il ayt été gravé deux fois.

. . . .

BÉGON.

M. de Villermont.

A La Rochelle le 5 octobre 1702.

. . . .

J'ay leû avec plaisir les deux petits poêmes de M. Perrault et l'observation que vous faites sur le titre qu'il a donné à l'un d'eûx qui n'est pas dans toutes les règles de l'exactitude.

Je vous remercie du roulleau d'estampes dont vous avez chargé un jeune homme de Blois qui n'est pas encore arrivé.

. . . .

J'ay receu depuis peu le livre de la Colonne Théodosienne du P. Menestrier[1] que je n'ay fait

---

1. Cet ouvrage parut sous ce titre: *Description de la belle et grande colonne historiée*, dressée à l'honneur de l'empe-

que parcourir en passant à Rochefort où je n'ay couché qu'une nuit. J'ay été fort content de ce que j'en ay vu, aussi bien que des sept sacremens nouvellement gravés par Audran [1] que je joindray à ceux que j'ay dejà dans le Recueil du Poussin.

. . . .

BÉGON.

M. de Villermont.

———

A La Rochelle le 14 octobre 1702.

Le sieur du Burloquet m'a rendu, Monsieur, la lettre que vous m'avez fait l'honneur de m'écrire le 30e du mois passé avec le rouleau dont vous l'aviez chargé, et j'ay depuis receu celle du 9e de ce mois.

Quoyque les estampes que vous m'avez envoyées n'ayent pas été bien conservées, elles ne laisseront pas de trouver place dans mes recueils où il y en a plusieurs qui ne sont pas moins enfumées et que je fais conserver jusqu'à ce que le hazard me les fasse trouver mieux conditionnées.

J'avois comme je vous l'ay dejà mandé le por-

———

reur Théodose, dessinée par Gentille Bellin, et expliquée par Menestrier. Paris, 1702. In-fol.

1. Ces planches étaient gravées par Benoit Audran, né à Lyon, le 23 novembre 1661, mort près de Sens, le 2 octobre 1721.

trait de Mʳ Brunier, mais je n'avois aucun des autres.

.   .   .   .

BÉGON.

M. de Villermont.

————

A Rochefort le 4 novembre 1702.

.   .   .   .

J'écris à Madame Rouillé pour la remercier du
présent qu'elle m'a fait du portrait de Mʳ son époux
pour lequel j'ay toujours eu une vénération très
particulière. Si vous avez agréable de l'envoyer à
Mʳ Bachot qui aura occasion de me les faire tenir,
je vous en seray très obligé.

L'œuvre le plus complet que j'aye est celui de
Nanteuil dans lequel il ne me manque rien; Il me
manque beaucoup de pièces d'Edelinck. Les Recueils séparés que j'ay commencé de faire outre les
deux cy-dessus qui sont les plus nombreux sont
ceux d'Albert Durer, dans lequel il y a beaucoup
plus d'histoires que de portraits.

De Wandeik dans lequel il y a quelques pièces
gravées par luy-mesme à l'eau-forte, mais la plus
grande partie sont gravées par des flamands dont
le burin est très délicat.

De Meslan, dans lequel il me manque beaucoup
de pièces, mais particulièrement des histoires.

De Wanschuppen, qui est assez complet, ne me

manquant que quelques anciennes pièces qu'on **ne** trouve plus.

J'ay outre cela plusieurs gros volumes dans lesquels il y a plus de deux mille portraits gravés par différens auteurs de toutes nations, dans lesquels j'ay fait mettre de suite les pièces de chaque graveur affin que lorsqu'on voudra les détacher pour les mettre à part on puisse le faire. J'ay quatre gros volumes des pièces gravées d'après le Poussin et Le Brun.

J'en ay deux de celles des Carraches.

Et j'ay commencé des Recueils qui sont encore très imparfaits de celles des Sadelers, de Callot, de Bloëmart, de Michel-Ange, de Tempeste et de quelques autres.

J'ay outre cela plusieurs portefeuilles qui ne sont pas encore rangés, et dont je pourrois faire de très beaux volumes si le sieur Lubin, qui n'a rien à faire depuis le matin jusqu'au soir vouloit bien s'en donner la peine, mais quelque instance que je luy aye faite sur cela, il ne m'a pas été possible d'obtenir de luy qu'il s'apliquât à un travail aussi facile et agréable que celuy-là et qui convient si fort à sa profession.

Je suis très content des graveures qui sont dans la pièce que vous m'avez envoyée dont vous m'avez fait plaisir de me nommer l'auteur, et de me faire part de ses bonnes qualités.

BÉGON.

M. de Villermont.

A Rochefort le 23 novembre 1702.

Lorsque j'auray receu les Portraits de Mr Rouillé je ne manqueray pas d'en envoyer deux à Mr Noel auquel j'en ay donné avis.

BÉGON.

M. de Villermont.

A Rochefort le dernier de l'an 1702.

J'ay receu, Monsieur, les lettres que vous m'avez fait l'honneur de m'écrire le 20 et le 24e de ce mois avec les harangues faites à l'occasion de la réception de M^r le duc de Coislin, et la Poésie de Mr Perrault. Je vous prie de luy en faire mes remerciemens.

J'ay receu en même temps le portrait de Mr Rouillé pour lequel vous scavez que j'avois infiniment d'estime.

BÉGON.

M. de Villermont.

A Rochefort le 25 avril 1703.

. . . .

Les Recueils que j'ay des Manuscrits de M^r de
Peyresc n'ont rien de commun avec le commerce
qu'il pouvoit avoir avec Mr de Chasteuil sur l'astro-
logie judiciaire, parce que ce que j'en ay est principalement sur les poids, les mesures, les caractères
des différentes langues, les statues, inscriptions et
médailles, les autres recueils sur toute sorte de matières sont entre les mains de Mr Thomassin de
Mazogue qui en a plus de cent volumes in folio
dont il a extrait ce qu'il a crû estre le plus curieux,
et l'a fait imprimer, mais je ne scais pourquoy il
n'a pas rendu ce livre public. Il a fait tout ce qu'il
a pu pour tirer de moy mes huit volumes, mais
j'ay tenu bon parce que je crois que lorsqu'on a
dans un Cabinet comme le mien des manuscrits
tels que ceux là on ne doit point avoir la complai-
sance de s'en défaire. J'ay pourtant chargé mon
Bibliothéquaire de visiter ces 8 volumes, et en cas
qu'il y trouve quelque chose sur le sujet de M^r de
Chasteuil, il en fera l'extrait que je vous envoye-
ray.

Je n'ay ny le portrait ny la vie de cet illustre
solitaire, je l'acheteray lorsque je seray à Paris, où
j'ai enfin résolu d'aller au mois de Juillet si j'en
puis obtenir la permission.

. . . .

J'auray bien de la joye de voir Mr Perrault, et

de m'entretenir avec luy sur le nouvel ouvrage
qu'il va donner au public.

. . . .

Mᵣ l'abbé de Louvois vient de me faire présent
de la plus grande partie des Estampes de la Bibliothèque du Roy qui me manquoient. Ce qui va
fort enrichir mes Recueils qui deviennent d'une
année à l'autre plus considérables. J'ay résolu de
porter avec moy à Paris toutes celles que je conserve dans mes portefeuilles pour les faire relier.

Lorsque Mᵣ de la Gallissonière reviendra d'Angleterre, il me doit aporter celles de tous les bastimens d'Oxford et de Cambridge et les portraits de
Smith qui sont fort recherchés.

. . . .

BÉGON.

M. de Villermont.

A Rochefort le 1ᵉʳ may 1703.

. . . .

M. de la Gallissonnière m'écrit d'Oxfort qu'il
m'aportera à son retour deux livres d'estampes qui
représentent les bastimens et lieux publics d'Oxfort et de Cambridge, et le Recueil des portraits de
Smith qui est le meilleur graveur d'Angleterre.

. . . .

BÉGON.

M. de Villermont.

A Rochefort le 17 may 1703.

. . . .

J'ay examiné avec bien du plaisir toutes les estampes du Cabinet du Roy qui m'ont été envoyées
par Mr l'abbé de Louvois lesquelles enrichiront fort
mes recueils.

. . . .

Ce que vous demandez des Mss. de Mr de Peiresc est trop général. Je ne puis vous expliquer
ce qui a empesché Mr de Mazogue de rendre public le recueil qu'il avoit fait des endroits les plus
curieux de ces Mss.

Je prends beaucoup de part au rétablissement de
la santé de M. Perrault auquel je vous prie de bien
faire mes complimens, et de me mander de ses nouvelles.

. . . .

BÉGON.

M. de Villermont.

A Rochefort le 26 may 1703.

. . . .

J'ay lu avec plaisir la description de la pendule
de Mr Perrault qui mérite qu'on en fasse un article
dans le Journal des Savans.

. . . .

La place de Mr Perrault ne peut estre plus hono-
rablement remplie que par M^r le Président de La-
moignon.

. . . .

BÉGON.

Mr de Villermont.

———

A Rochefort le 5 juin 1703.

J'ay receu, Monsieur, les lettres que vous m'avez
fait l'honneur de m'écrire le 22 et le 28e du mois
passé avec le dessein que vous y avez joint de la
pendule de Mr Perrault que j'ay vû avec d'autant
plus de plaisir que l'ouvrier qui y a été employé est
mon compatriòte, et que je seray bien aise lorsque
je seray à Paris que vous me fassiez faire connoissance avec luy, aimant les gens de mon pays qui
savent s'élever au dessus des autres dans leur profession.

. . . .

Lorsque l'histoire du Mogol à laquelle le P. Ca-
trou travaille sera imprimée, je la verray avec plaisir. Il ne doit pas oublier de faire graver les portraits des Mogols et de leur famille. C'est ce qu'il y
aura de plus recherché dans cet ouvrage.

. . . .

BÉGON.

M. de Villermont.

A la Rochelle le 22 juin 1703.

. . . .

J'envoye vostre lettre à Mʳ Collinet, et je vous remercie du Plan de Vigo que vous avez remis à Mʳ de la Galissonnière qui m'a fait plaisir de vous faire voir les estampes qu'il m'a aportées d'Angleterre.

. . . .

. . . .

BÉGON.

Mʳ de Villermont.

————

A Rochefort le 3 juillet 1703.

. . . .

J'emporte avec moy à Paris un grand nombre d'estampes que je vous feray voir après que je les auray fait relier, j'espère que vous en serez content.

. . . .

. . . .

BÉGON.

M. de Villermont.

————

A la date du 29 septembre 1703 se trouve une
longue lettre de Collinet à M. de Villermont, rela-
tive à la réception que l'on fit à Bégon, lorsqu'à son
retour de Paris, il rentra à Rochefort reprendre les
fonctions qu'il avait momentanément laissées en
d'autres mains.

———

A Rochefort le 13 octobre 1703.

. . . .

Le pauvre Lubin est toujours malade. Je crains
fort qu'à la fin il ne succombe.

. . . .

BÉGON.

M. de Villermont.

———

A Rochefort le 21 octobre 1703.

. . . .

Les livres que j'ay fait relier à Paris ne sont
pas encore arrivés. Ils enrichiront fort ma Bibliothèque.

On m'aporta hyer une médaille des Druides. J'en
avois déjà quelques unes, mais ce que celle-cy a de
particulier, c'est que le cheval qui est au revers a
une face humaine, et qu'il n'y a point de cavalier
dessus comme il y en a à toutes les autres. Elle est

d'un métail fort aprochant du Tombach mais tirant un peu davantage sur l'or.

. . . .

                                        BÉGON.

M. de Villermont.

A Rochefort 30 octobre 1703.

. . . .

Je vis il y a deux jours le Sr Lubin dans la Bibliothèque qui me dist qu'il n'avoit encore pu écrire à sa mère, à cause de son rhumatisme sur l'épaule droite dont il estoit guéry et qu'il satisferoit incessamment à ce devoir dont vous m'obligerés que Madame de Villermont soit informée s'il vous plait.

Le portrait que Mr l'Intendant fait faire de Mr l'abbé son fils, par le peintre qui vient de Rome dont je vous ay parlé est sur ses fins et sera fort bon.

. . . .

                                        COLLINET.

M de Villermont.

A Rochefort le 8 novembre 1703.

. . . .

Pour le Sr Lubin qui loge en mesme maison, bien que brouillé avec ledt Sieur Silvain, il me dist

il n'y a que deux jours chés Mr l'intendant qu'il
n'avoit point encore pu écrire à sa mère à cause
d'une recheute de fièvre dont il me parrut fort
changé, qu'il ne manqueroit pas de faire son devoir au premier jour à l'égard de sadite mère, et il
me pria de vous envoyer ses complimens les plus
respectueux, ainsi qu'à Madame.

. . . .

COLLINET.

Mr de Villermont.

———

A Rochefort 18 9bre 1703.

. . . .

Les recueils d'Estampes que vous m'avés veu
arranger à Paris sont enfin arrivés très bien conditionnés, et quoy que les relieures en seront très
chères, je n'ay point de regret à cette dépense dont
mon cabinet se trouve fort enrichi.

. . . .

BÉGON.

Mr de Villermont.

———

A Rochefort le 30 xbre 1703.

. . . .

Je vous prie aussi à la première veue de vouloir
bien faire mes complimens à Mr L'abbé Dangeau

et mes remerciements de son honnesteté ; je voudrais bien scavoir si le portrait de M^r son frère gravé depuis peu se vend affin de le faire venir pour luy donner la place honorable qu'il mérite dans mes recueils.

. . . .

BÉGON.

M. de Villermont.

———

A Rochefort le 12 janvier 1704.

. . . .

J'ay le portrait de Mr Delpercke fils [1] gravé par Roullet, ainsi je vous prie de ne me le pas envoyer, mais je recevray avec reconnoissance celuy de M^r le Marquis Dangeau qui vous a esté promis par M^r l'abbé son frère.

. . . .

BÉGON.

Mr de Villermont.

———

A Rochefort le 24 janvier 1704.

J'ay receu, Monsieur, les lettres que vous m'avés fait l'honneur de m'écrire le 12 du passé et le

———

1. Il s'agit ici du portrait de Jean Delpech, conseiller au parlement, gravé par Roullet d'après Nic. de Largillière.

16 du courant, avec la médaille de M^r le Duc de Bavière que vous m'avés envoyée dont je vous remercie. Je l'ay mis en belle et honorable compagnie et je vous prie d'en remercier pour moi Mr de la Rerye comme j'en ay dejà remercié M^r son père. . . . .

. . . .

                                        BÉGON.

M. de Villermont.

A Rochefort le 1er fevrier 1704.

. . . .

Lorsque M^r le Marquis Dangeau aura exécuté la promesse qu'il vous a faite de vous envoyer son portrait pour moy, je vous prie de l'envoyer à M. Bachot pour mettre dans le premier Ballot qu'il m'envoyera.

. . . .

Je vous remercie de la description que vous m'avez faite de la médaille que Mr Deslandes doit m'aporter, mon médailler a commencé par une médaille d'or du mesme Empereur, il finira peut estre par celle là estant assez complet.

. . . .

                                        BÉGON.

M. de Villermont.

A Rochefort le 14ᵉ fevrier 1704.

. . . .

J'ay été très content de la médaille de Lucius
Verus que j'ai logée dans le lieu qui luy convenoit.

. . . .

Il ne faut pas que Mʳ Landry fasse payer à
Mʳ Collinet le port des Estampes que vous me
mandés qu'il doit luy adresser pour moy. Il n'a
qu'à les envoyer à Mʳ Bachot, rüe Saint Martin
vis-à-vis la Rue Verbois chez Mʳ Marcel, chirur-
gien. Il aura bientôt une occasion seure de me les
faire tenir.

. . . .

Je liray avec bien de la satisfaction les éloges de
feu Mʳ Perrault dont vous m'écrivez conservant
pour sa mémoire toute l'estime possible [1].

. . . .

BÉGON.

M. de Villermont.

———

A Rochefort le 23 fevrier 1704.

. . . .

Il n'y a rien de pressé sur le portrait de Mʳ l'abbé
Dangeau, le livre auquel il travaille sera magni-

———

1. Charles Perrault était mort le 16 mai 1703.

8

fique et curieux. Le Sʳ Nolin [1] m'a envoyé une estampe qui seroit digne d'y entrer, elle représente la reception dans l'ordre de Sᵗ Lazare de Mʳ de Verskon.

. . . .

BÉGON.

M. de Villermont.

———

A Rochefort le 15 mars 1704.

. . . .

Je n'ay pas l'estampe de Clélie dont vous m'écrivez faite d'après Jules Romain [2]. J'ay des Catalogues dans chacun de mes livres d'estampes à la première page, mais je n'en ay point fait encore d'Inventaire général parce que ce seroit un trop grand travail.

. . . .
. . . .

BÉGON.

M. de Villermont.

1. Jean-Baptiste Nolin, auteur du seul portrait authentique de Molière que l'on connaisse, et de quelques autres planches fort estimables.

2. Cette pièce, gravée par René Boyvin, est décrite dans le *Peintre-Graveur français*, de Robert Dumesnil. T. VIII, p. 28. Nᵒ 19.

A Paris ce samedy matin 5 avril (1704).

. . . .

Je ferai tenir à mon frère l'estampe que vous m'envoyés, avec celle de Monsr de Dangeau.

. . . .

BÉGON [1].

M. de Villermont.

———

Ce samedi 25 avril (1704?)

C'est Monsieur, un mauvais présent à vous faire que celui de mon portrait en voilà pourtant quatre épreuves dont vous disposerez comme il vous plaira, mais, Monsieur, souvenez-vous, je vous prie, que l'original est encore plus à vous, et qu'il n'y a point de temps ny de lieu ou les bontés dont vous l'avez mis en possession ne lui soient très présentes et où il ne désire passionement les occasions de vous témoigner l'attachement sincère avec lequel il est, Monsieur, votre très humble et très obeissant serviteur.

DE PILES [2].

M. de Villermont.

———

1. Frère de l'intendant.
2. Roger de Piles, né à Clamecy vers 1635, mort à Paris en 1709, laissa un assez grand nombre de dissertations sur

A Rochefort le 1ᵉʳ may 1704.

Depuis que mon père commence à se mieux porter, Monsieur, il a pris plaisir à faire passer devant luy en reveue une partie de ses plus belles estampes, entre lesquelles il a trouvé deux petits volumes in folio où sont représentés les portraits des papes et des Cardinaux jusques et compris ceux de la création faitte par Innocent XI le 2ᵉ septembre 1686, le dernier desquels est Renault d'Este, gravé à Rome par Jacques de Rubeis formis, et comme ce livre qui d'ailleurs est très beau et très bien gravé demeure imparfait, faute d'avoir la suitte jusques à présent, vous me ferés plaisir d'écrire à quelqu'un de vos amis qui sont auprès de Monsieur le Cardinal de Janson et de luy demander les portraits des papes et Cardinaux qui ont esté gravéz depuis ce temps là jusques à présent, ne doutant pas qu'un aussy bel ouvrage que celuy là n'ait esté continué. Je vous rembourseray ce qu'il en coustera, et pour la seureté du transport on pourroit se servir de la commodité des Courriers extraordinaires que son Eminence pourra avoir occasion d'envoyer en France, n'estant point nécessaire que ce livre soit relié, l'intention de mon

---

. les arts, qui furent réunies en cinq volumes sous le titre : *Œuvres diverses* de M. de Piles, de l'Académie de peinture. Paris, 1767, in-12.

père estant de le faire relier icy de la mesme manière que sont les deux autres. Il souhaitteroit par
la mesme occasion avoir séparement les portraits
gravez des Cardinaux Tolet, de Hugo et Nitard
parcequ'il fait un recueil séparé des Jésuites et qu'il
est bien aise de ne pas détacher de ses livres les
deux derniers qui y sont ce qui les rendroit imparfaits [1]. . . . .
. . . .

BÉGON fils.

M. de Villermont.

A Rochefort 6 may 1704.

. . . .

Monsieur l'Intendant repose bien la nuit. Il a
un bon appetit qu'il ne contente pas et la teste assés forte pour feuilleter du matin au soir ses livres
d'estampes et en réformer l'arrangement. Il m'or-
donne de vous remercier de toutes les pièces dont
vous enrichissés ses recueils, et de vous asseurer de sa
parfaite reconnoissance de la part que vous prenés
à sa santé. Voicy l'extrait des Portraits que vous
luy destinés j'ay barré ceux qu'il a.

. . . .

BULTÉ.

M. de Villermont.

----

1. Michel Bégon venait de subir l'opération de la taille.

Portraits que Monsieur de Villermont offre à Monsieur Bégon, Intendant :

Le Maréchal de Tourville, gravé par Gantrel.

M. Arnaud, Ev. d'Angers, par Poilly.

Ch. Gustave, Roy de Suède, père du régnant, par Wereld-Kaarl.

Jean Daillé, ministre de Charenton.

M. de Guise le Napolitain, par Morin, d'après Sitermans.

Tho. Hobbes, philosophe anglois, par Faithorne.

Jean Bat. Morin, mathématicien.

Le P. Antoine Vigier, général des P. P. de la doctrine chrétienne.

Gilles de Noailles, gravé à Constantinople.

A Rochefort le 8 mai 1704.

· · · · · · · · · · · · · · ·

M. l'Intendant m'a témoigné d'être extrêmement satisfait de l'envoy dernier de ces estampes dont vous prites la peine de donner le mémoire de son graveur à ma fille, et il m'a chargé d'en bien remercier mon gendre de sa part, et de voir dans son grand portefeuille le rang honorable où il a placé luy-mesme une grande pièce d'après Bonnener, je crois, qu'a gravée depuis peu led^t Sr Landry, qui représente les marchands chassés du temple, qu'il

trouve parfaitement bien, à cause que les personnages qui y jouent luy ont parru fort correctement
executtés. Je vous invitte de voir ce morceau dont
led^t Sr Landry luy a fait présent, outre les deux
contenus dans le mémoire de Lubin.

. . . .

COLLINET.

Monsieur de Villermont.

———

A Rochefort le 17 may 1704.

. . . .

Mr Bulté vous a fait réponce sur les portraits
que vous avez offert à mon père et vous a envoyé
la liste de ceux qu'il n'a pas, cette augmentation
fera plaisir à mon père qui s'est occupé depuis 3 se-
maines à parcourir ses livres d'estampes et à donner une nouvelle forme à ses recueils, vous verrés
par la liste ci jointe la quantité qu'il en a présentement, l'estat où ils sont et l'arrangement qu'il en
a fait, il s'est servy de mon frère l'abbé pour former
les nouveaux recueils qu'il a faits, qui se trouveront fort embellis par cette reveue que mon père
n'auroit jamais eu le temps de faire sans sa maladie qui luy en laisse tout le loisir ne convenant pas
jusques à ce qu'il soit entièrement guéry qu'il s'at-
tache à des choses plus sérieuses. . . . . . .

. . . .

Comme M. Bachot est party mardy dernier de Paris pour faire un voyage de 15 jours en Bourgogne, mon père a fait écrire à Mrs Edelink, Desalliers et Pinson pour les prier de vous remettre quelques estampes qu'ils doivent luy envoyer dont il vous prie de faire un seul roulleau avec celles que vous voulez bien y joindre et d'envoyer ce roulleau avec la petite boitte chés Madame de Lauguière, rue des Roziers faubourg St Germain qui les fera mettre dans un ballot.

. . . .

BÉGON *fils*.

M. de Villermont.

A Rochefort le 31 may 1704.

. . . .

J'ay bien des graces à vous rendre de l'attention que vous avez eu et du soin que vous avez pris des deux Roulleaux d'estampes que vous avez enrichi de plusieurs qui sont très curieuses, elles ne sont pas encore arrivées, je les recevray avec plaisir, et les feray placer dans les lieux qui leur conviennent. Cette espèce de curiosité m'a amusé depuis un mois, les ayant fait ranger par mon fils l'abbé, qui m'a été d'un grand secours en cette occasion. J'ay profité de l'état dans lequel je me suis trouvé que je n'aurois rencontré de ma vie, ce qui a produit un très bon effet.

J'ay trop peu de pièces gravées d'après Jules Romain pour entreprendre d'en faire un recueil, mais je placeray la belle estampe que vous m'avez envoyée dans un grand et magnifique volume dont la reliêure et le papier me coutent 40 ^{liv.} lequel est destiné pour les pièces des différens maitres qui n'ont point de recueil particulier.

· · · · · · · · · · · · · · · ◂ · · · · ·

BÉGON.

M. de Villermont.

A Rochefort le 7 juin 1704.

· · · · · ᵪ · · · · · · · · · · ʼ · ·

Je n'ay point de recueil particulier des pièces gravées par Simonneau et je n'ay l'estampe dont vous me parlez qu'à la teste de l'histoire de l'Académie des sciences d'où je ne puis la détacher sans gaster le livre, ainsi vous me ferez plaisir de me l'envoyer pour la mettre dans un de mes recueils d'autant plustost qu'elle est gravée d'après Coipel dont jusqu'à présent je n'ay aucune pièce. Vous pourrez l'envoyer chez Dezallier qui doit m'envoyer un petit ballot de livres et y joindra la s^{te} Catherine de la veuve Perrin à laquelle je donneray la place la plus honorable qu'elle mérite dans un recueil que je fais relier actuellement des pièces de dévotion.

BÉGON.

Mr de Villermont.

A Rochefort le 12 juin 1704.

. . . .

Mʳ Girardon m'a fait la grace de me faire voir son cabinet dans lequel j'ay admiré comme vous toutes les belles pièces de bronze et de marbre qui y sont. Il est à désirer qu'il exécute le projet qu'il a de les faire graver comme il a fait le Tombeau du Cardinal de Richelieu dont il m'a donné les estampes que j'ay mises dans mes recueils [1].

. . . .

BÉGON.

Mʳ de Villermont.

———

A Rochefort le 17 juin 1704.

. . . .

J'ay l'estampe dont vous m'écrivez de la Reine de Suède gravée par Edelinck [2], ainsi je vous prie de garder la vostre.

Si vous aviez encore le Roulleau d'estampes que le Sʳ Edelinck vous a envoyé pour moy je vous

———

1. Girardon mit ce projet à exécution ; son cabinet a été gravé sur les dessins R. Charpentier par Nic. Chevallier, en 13 planches gr. in-folio.

2. Gérard Edelinck grava deux fois le portrait d'Ulrique Éléonore, reine de Suède.

prie de les voir et s'il y en a quelqu'une qui vous soit agréable je vous prie de la garder, elles sont la pluspart destinées pour le magnifique Recueil que je fais faire des pièces gravées d'après Le Brun que je fais mettre en trois grands volumes dont le 1er contiendra les estampes de dévotion, le 2e les profanes et le 3e les Portraits.

. . . .

BÉGON.

M. de Villermont.

———————

A Rochefort le 22 juin 1704.

. . . .

J'espère que le ballot de Dezallier y (à La Rochelle) arrivera demain. Cependant j'ay receu le mémoire des estampes contenues dans le Roulleau du Sr Edelinck qui conviennent fort à mes Recueils, je souhaite que vous les ayiez vus.

Je suis fort aise que vous n'ayiez pas trouvé celle du Roy qui sert de frontispice à l'histoire de l'Académie des Sciences par ce qu'elle m'est venue d'ailleurs, si par hazard elle se trouve dans l'un ou l'autre des rouleaux que j'attens, je vous la renvoyeray par mon fils ainé. . . . .

. . . .

Quoyque j'aye un très beau recueil de Vanschuppen, je n'avois point le portrait de Mr de

Bonzy gravé avant qu'il fut cardinal[1], je vous en
suis très sensiblement obligé et des quatre autres
pièces que vous avez jointes au Rouleau d'Edelinck . . . .

. . . .

BÉGON.

Mr de Villermont.

A Rochefort le 26 juin 1704.

. . . .

Le portrait de Girardon est arrivé fort à propos
pour tenir une place très honorable dans le livre
que je fais relier de tous les peintres, sculpteurs et
graveurs que j'ay detachés de mes recueils généraux dans lesquels j'en ay trouvé cent trente : ce
qui me donnera occasion d'en ramasser encore plusieurs autres pour lesquels j'ay fait laisser des
feuilles en blanc.

. . . .

J'ay souvent ouy parler des desseins gravés par
des sauvages sur des écorces de bouleau, mais je
ne me souviens point d'en avoir vû et je n'en ay
point dans mes curiosités. Je n'ay point aussi le

---

1. Pierre de Bonsy, cardinal, archevêque de Narbonne;
la planche est signée : *Bachichi pinxit Romæ. P. Van
Schuppen sculpsit,* 1692.

portrait de Mr Perrault gravé par Audran d'après Mr Lebrun en 1675, vous me ferez plaisir de l'envoyer avec quelques unes de vos écorces à Mr Dezallier qui le mettra dans le petit paquet de livres que je luy demande. J'ay celuy de M^r de St André Monbrun gravé par Masson.

· · · · · · · · · · · · · · · ·

En remerciant le Sr Edelinck des Estampes qu'il m'a envoyées je l'exhorte à graver son portrait à l'exemple de plusieurs graveurs de sa profession dont j'ay mis les estampes à la teste de leurs ouvrages. Vanschuppen m'avoit promis qu'il graveroit le sien, mais la mort l'a prévenu ; son fils feroit bien de le faire graver s'il a son portrait.

· · · · · · · · · · · · · · · ·

BÉGON.

Mr de Villermont.

———

A Rochefort le 29 juin 1704.

· · · · · · · · · · · · · · · ·

J'ay enfin receu la petite boëtte et le Roulleau dont Mr de Quebec a bien voulu se charger, et j'ay été très content des belles estampes que vous m'avez envoyées que j'ay dejà placées dans mes recueils qui en sont fort enrichis, je vous en réitère mes remercimens.

· · · · · · · · · · · · · · · ·

Lorsqu'on aura achevé de graver la Galerie du Luxembourg je ferray achetter toutes les pièces, on m'a dit que les portraits avoient été gravés par Edelinck, je doute que cela soit vray [1].

. . . .

BÉGON.

M. de Villermont.

A Rochefort le 8 juillet 1704.

J'ay receu, Monsieur, les lettres que vous m'avez fait l'honneur de m'écrire le 26, 27 et 28 du mois passé et 2 du courant avec la fable de Mr de Fieubet sur la retraite ; j'ay son portrait gravé par Masson, mais je n'ay pas celuy de Mr de Gondrin Archevêque de Sens.

Tous les rouleaux que vous m'avez envoyés sont arrivés à bon port, je crois vous en avoir remercié par mes précédentes.

. . . .

Je suis persuadé que les peintures que le Sr Lucas a veu dans la haute Egypte sont d'un aussi

---

1. Les gravures de la Galerie du Luxembourg ne furent terminées qu'en 1710. Les portraits de François de Médicis et de Jeanne d'Autriche furent, en effet, les têtes du moins, gravés par Gérard Edelinck.

mauvais goût que tout ce qui nous vient de ce pays là.

. . . .

Je vous remercie aussi de l'estampe de la bataille de Nervinde à laquelle j'ay donné dans un de mes recueils la place qu'elle mérite.

. . . .

BÉGON.

M. de Villermont.

———

A Rochefort le 17 aoust 1704.

. . . .

J'ay le portrait de l'électeur de Bavière gravé depuis peu par Vermeulen, je vous en remercie.

. . . .

BÉGON.

M. de Villermont.

———

A Rochefort le 14 septembre 1704.

. . . .

Je vous suis bien obligé des graveures sauvages que vous avez envoyées à ma fille avec le portrait de Mr l'électeur de Bavière dont vous luy avez fait présent.

. . . .

BÉGON.

M. de Villermont.

A Rochefort le 21ᵉ mars 1705.

J'écris à Mʳ Massiot pour le prier de s'informer de ce que vous désirez savoir pour la Dame Lubin, je vous ferai part de la réponse qu'il me fera.

. . . .

Les cinq volumes d'estampes gravées d'après Mʳˢ Le Brun, Mignard et Wandermeulen n'y sont pas (dans un ballot qu'attend Bégon) parce qu'ils n'estoient pas encore reliés, Ainsi Mʳ Pinsson est en état de vous les faire voir; ils sont assurément dignes de vostre curiosité. J'y mettray le portrait de Molière que vous m'avez envoyé gravé d'après Mignard dont je vous suis très obligé et j'écriray à M. Dezallier de m'envoyer la vie de cet auteur.

. . . .

BÉGON.

M. de Villermont.

———

A Rochefort le 26 mars 1705.

Je vous ay promis, Monsieur, que je vous adresserois mon remerciment pour Mʳ Rouvière lorsque j'aurois receu ses portraits, vous le trouverez cy-joint; ils arrivèrent hyer avec celuy de Mʳ de Nevers qui tiendra très bien sa place dans mes recueils que vous avez très considérablement augmentés.

Je receus en même temps un portrait du Père Massillon gravé par Rochefort d'une manière nouvelle qui est très agréable [1]. Je me feray à l'avenir un vray plaisir de ramasser les pièces de ce graveur qui me paroit de très bon goût.

. . . .

J'écris à Mr Dezallier de m'envoyer par la poste la vie de Molière, et je prie Mr Pinsson de vous faire voir mes Recueils avant qu'ils soient emballés les croyant dignes de vostre curiosité.

. . . .

BÉGON.

M. de Villermont.

———

A Rochefort le 11 avril 1705.

. . . .

Je suis bien aise que vous ayiez vu mes estampes et je vous suis très obligé de l'attention avec laquelle vous y avez fait faire quelque changement; Il seroit à désirer que tous mes autres Recueils eussent passé par vos mains, ils seroient en meilleur ordre.

BÉGON.

Mr de Villermont.

———

1. Pierre de Rochefort grava surtout des portraits. Il est, en outre, l'auteur d'une série de planches relatives à l'abbaye de la Trappe.

A Rochefort le 21 avril 1705.

.   .   .   .

J'ay été très mécontent de la Relieure de mes estampes qu'on a gastées, j'avois ordonné expresse-
ment qu'on les reliat de manière qu'elles ne fussent point pliées par en bas, ce qui les déchire et
est embarrassant lorsqu'on les veut voir.

D'ailleurs il falloit mettre du papier blanc pour
coler dessus les petites, et ne se pas contenter de
les attacher comme on a fait sur les onglets. Je feray remédier à ce second article lorsque j'auray un
peu plus de loisir que je n'en ay, mais pour le premier le remède qu'on pourroit y aporter seroit pire
que le mal.

.   .   .   .

J'ay l'Inventaire des Estampes de M^r l'abbé
de Villeloin imprimé en 1666 qui est cher et rare[1].
Je vous remercie de l'offre que vous m'en faites.

.   .   .   .

.   .   .   .

BÉGON.

M. de Villermont.

---

1. Les estampes comprises dans ce catalogue de l'abbé
de Marolles étaient entrées dans la bibliothèque du Roi
en 1667 ; elles avaient donc précédé de plus d'un siècle les
estampes ayant appartenu à Michel Bégon, qui aujourd'hui
sont confondues avec elles.

A Rochefort le 7 mai 1705.

. . . .

J'aurois bien de la joye si Mr de Pille suivoit le conseil que vous lui avez donné de passer icy en allant en Espagne. Je le recevrois de mon mieux. Je n'ay point vu la vie de Rubens qu'il a donnée au Public dans un volume séparé, mais j'ay l'abrégé de la vie des Peintres avec des Reflexions sur leurs ouvrages, et un Traité du peintre parfait, de la connoissance des desseins, et de l'utilité des Estampes imprimé en 1699, dans lequel il y a un extrait de la vie de Rubens. Ce livre est très agréablement écrit. Je seray fort aise d'avoir son portrait dont je vous remercie par avance.

. . . .

J'ay dans ma Galerie un portrait de Rubens qu'on prétend avoir été peint par luy-meme, si Mr de Pille vient icy il en jugera mieux que personne. Je l'ay aussi gravé d'après Wandeik.

. . . .

BÉGON.

M. de Villermont.

———

A Rochefort le 14e may 1705.

J'ay receu, Monsieur, les lettres que vous m'avez fait l'honneur de m'écrire le 2, 4 et 6 de ce mois, et je vous suis très sensiblement obligé des

portraits de Mr de Piles [1] que vous avez pris vous
même la peine de porter à ma fille de la Gallissonnière qui me les envoyera par la première occasion
seure qu'elle en aura.

Il n'y a plus de grands livres à m'envoyer, et je
ne crois pas qu'on m'en envoye de long temps, ma
curiosité estant épuisée à cet égard.

Il est vray qu'il y a longtemps que j'attends le
livre de Mr Berain dont j'ay déjà un échantillon
duquel il me fit présent il y a six ans, mais j'ay
apris qu'il l'avoit très considérablement augmenté,
et particulièrement pour ce qui me convient qui
sont les Pouppes, les Proues et les Bouteilles des
vaisseaux, dont j'ay déjà un très grand Portefeuille
qui composeroit un juste volume si je le faisois relier, mais comme il en vient toujours quelque dessein nouveau, j'ay cru qu'il convenoit mieux de
les conserver dans un portefeuille.

. . . .

J'ay dans l'un de mes recueils le grand portrait
gravé de feu Mr l'évesque d'Heliopolis qui estoit
fort de mes amis et pour lequel j'ai conservé une
estime très singulière.

. . . .

J'ay le livre du Sr Le Comte [2] dont vous m'é-

---

1. Ce portrait de Roger de Piles avait été gravé en 1704
par Bernard Picart.
2. *Le Cabinet des singularités* d'architecture, peinture,
sculpture et graveure ou Introduction à la connoissance des
plus beaux-arts, figurez sous les tableaux, les statues et

crivez qui est fort commode dans un Cabinet tel
que le mien.

. . . .

BÉGON.

M. de Villermont.

———

A Rochefort le 23 may 1705.

. . . .

Mr de Ganière [1] m'a fait autrefois le même présent qu'à vous, et je crois que les 9 portraits qu'il
vous a donnés se trouveront dans mes recueils à la
réserve de deux ou de trois dont je n'ay pas l'idée,
je vous le feray scavoir lorsque je les auray vû.

L'officier qui est chargé du portrait de Mr de
Piles n'est pas encore arrivé.

Mr l'abbé Félibien, qui m'est venu voir m'a dit
que son frère de la Congrégation de St Maur allait
incessamment donner au Public une très belle
histoire de l'abbaye de St Denis.

———

les estampes, par Florent Le Comte. Paris, Et. Picart et
N. Leclerc. 1699-1700. 3 vol. in-12.

1. Roger de Gaignières. Il est certainement question ici
des portraits que Gaignières avait fait graver par Boudan.
Voir pages 7 et 8 d'une brochure que nous avons publiée
sous ce titre : *Roger de Gaignières et ses collections
iconographiques.* Paris. 1870. In-4°. Extrait de la *Gazette
des Beaux-Arts.*

Il est à désirer qu'il n'ayt pas oublié de se servir des meilleurs graveurs pour nous donner les estampes des Tombeaux, et des pièces les plus curieuses du trésor, dans lequel j'en ay vu de très belles.

Je ne doute pas que les Benédictins du fauxbourg Sᵗ Germain ne fassent graver l'autel dont vous m'avez donné une si belle description, les Jésuites de Rome nous ont donné une très belle estampe de l'autel magnifique qu'ils ont fait élever dans la chapelle de Sᵗ Ignace.

. . . .

BÉGON.

M. de Villermont.

———

A Rochefort le 31 may 1705.

. . . .

Je donneray à Mʳ de Courbon Sᵗ Leger la lettre de la veuve Lubin dont le fils est à présent en assés bonne santé à sa veue près qui ne reviendra jamais.

. . . .

BÉGON.

M. de Villermont.

———

A Rochefort le 14 juin 1705.

. . . .

Je vous remercie de l'estampe de Saül que vous m'avez envoyée que j'ay placée dans un de mes recueils de pièces de dévotion.

J'ai aussi receu le portrait de Mr de Piles que j'ay fait voir à Lubin qui en est très content.

. . . .

BÉGON.

M. de Villermont.

A La Rochelle le 16 juin 1705.

. . . .

Je vous remercie de l'estampe Romaine que vous luy (au Sr Sylvain) avez donné pour moy qu'on pourra mettre dans un petit paquet que je demande aujourdhui à Mr Dezallier.

. . . .

BÉGON.

M. de Villermont.

Tout le monde connaît l'important ouvrage dont il est continuellement question dans cette correspondance. Il fut publié sous ce titre : *les Hommes illustres qui ont paru en France pendant ce siècle avec leurs portraits au naturel,* par Mʳ Perrault, de l'Académie françoise. Paris, chez Antoine Dezallier... 1697 et 1700. 2 vol. in-fol.

Voici la liste complète des personnages qui y figurent. En regard de chaque portrait se trouve une notice succincte donnant, en même temps que des renseignements biographiques, une appréciation sur le mérite de chacun.

TOME PREMIER

Armand Jean du Plessis, cardinal de Richelieu.	Gravé par	Jac. Lubin.
Le Cardinal de Berulle.	»	Id.
Henri de Sponde.	»	Id.
Pierre de Marca.	»	G. Edelinck.
Jean Pierre Camus.	»	Jac. Lubin.
Antoine Godeau.	»	Id.
Jean François Senault.	»	Id.
Ant. Arnauld.	»	Louis Simonneau.

Ce portrait fut supprimé dans la première édition. On lit à ce propos la note manuscrite suivante dans l'exemplaire des *Hommes illustres* conservé au Cabinet des estampes : « Quand Perrault donna les Hommes « illustres les Jésuites firent supprimer l'éloge de An « toine Arnauld et les exemplaires se vendirent avec

« un feuillet blanc à la place de l'éloge. M. Le Prince
« envoya chercher un exemplaire chez Dezalliers, et
« de sa main il écrivit le quatrin ci-dessous et ren-
« voya l'exemplaire au libraire.

> Le grand Arnauld paroit ici
> Privé d'une gloire mortelle
> Mais possesseur d'une éternelle
> Qu'a-t-il besoin de celle-ci ? »

Louis Thomassin.	Gravé par	P. Van Schuppen, 1696.
Jacques Sirmond.	»	Jac. Lubin.
Denis Petau.	»	Id.
Jean Morin.	»	Id.
Louis de Bourbon, prince de Condé.	»	Id.
Le Vicomte de Turenne.	»	Id.
Blaise François, comte de Pagan.	»	Id.
Pierre Séguier.	»	Id.
Guillaume Du Vair.	»	G. Edelinck.
Le président Jeannin.	»	Jac. Lubin.
Paul Phelipeaux, seigneur de Pontchartrain.	»	Edelinck.
Jean Baptiste Colbert.	»	Jac. Lubin.
Guillaume de Lamoignon.	»	G. Edelinck d'après Nanteuil.
Le président de Thou.	»	Jac. Lubin.
Hiérosme Bignon.	»	P. Van Schuppen, 1695.
Nicolas Claude de Fabri de Peiresc.	»	Jac. Lubin.
Papire Masson.	»	Id.
Scevole de Sainte Marthe.	»	G. Edelinck.
Paul Pelisson.	»	Id.
Pierre Dupuy.	»	Jac. Lubin.
Arnauld d'Andilly.	»	Id.
Antoine Rossignol.		Anonyme.
René Descartes.	»	Jac. Lubin.
Antoine Le Maitre.	»	Id.

| Pierre Gassendi. | Gravé par Jac. Lubin. |
| Blaise Pascal. | »   G. Edelinck. |

Ce portrait eut le même sort que celui d'Antoine Arnauld ; il fut supprimé dans la première édition et remplacé par celui de :

Charles Dufresne, sieur du Cange.	Gravé par Anonyme.
Claude Perrault.	» G. Edelinck d'après Vercelin.
François de Malherbe.	» Jac. Lubin.
Jean Louis Guez de Balzac.	» Id.
Vincent Voiture.	» Id.
Jean François Sarrasin.	» Id.
Pierre Corneille.	» Id.
Jean Baptiste Poquelin Molière.	» (J. B. Nolin).
Philippe Quinault.	» G. Edelinck.
Jean de La Fontaine.	» Id.
Jean Baptiste Lully.	» Id.
François Mansard.	» Id. d'après Namur.
Nicolas Poussin.	» (Jean Pesne).
Charles Lebrun.	» Jac. Lubin.
Eustache Le Sueur.	» P. Van Schuppen, 1696. d'après Lesueur.
Jacques Calot.	» Jac. Lubin.
Robert Nanteuil.	» G. Edelinck d'après Nanteuil.
Claude Ballin.	» Jac. Lubin.

TOME DEUXIÈME

Jacques Davi Du Perron.	Gravé par G. Edelinck.
Le Cardinal d'Ossat.	» Id.
Nicolas Coeffeteau, évêque de Dardanie.	» Id.
St Vincent de Paule.	» Id. d'après Simon François.
	» François.

Jean de Launoy.	Gravé par Jac. Lubin.	
Le R. P. Pierre Lalemant.	»	Nanteuil, 1678.
Sebastien Lenain de Til-lemont.	»	G. Edelinck d'après Le-fèvre.
Jean Baptiste Santeul.	»	G. Edelinck d'après La Grange.
Hierosme Vignier.	»	Jac. Lubin.
François de Combefis.	»	Id.
Marin Mersenne.	»	Cl. Duflos.
Le Comte d'Harcourt.	»	Edelinck d'après Mi-gnard.
Maximilien de Béthune, duc de Sully.	»	Edelinck.
Charles de la Porte, duc de la Meilleraye.	»	Duflos.
Le Maréchal de Grammont.	»	Edelinck.
François Henri de Mont-morency.	»	Id. d'après H. Ri-gaud.
Jean de Gassion.	»	Edelinck.
Abraham de Fabert.	»	Id.
Abraham Duquesne.	»	Id.
Honoré d'Urfé.	»	P. Van Schuppen 1699.
Claude Barbier du Metz.	»	G. Edelinck d'après Tor-tebat.
Sébastien de Pontaut, sei-gneur de Beaulieu.	»	G. Edelinck.
Jacques de Solleysel.	»	Id.
Michel Letellier.	»	Id. d'après Ferd. Voet.
J. B. Colbert, marquis de Seignelay.	»	G. Edelinck d'après Mi-gnard.
Achille de Harlay.		Anonyme.
Pomponne de Bellièvre.	»	G. Edelinck.
François Pithou.	»	Id.
Nicolas Lefèvre.	»	Id.
François de La Mothe Le Vayer.	»	Jac. Lubin.

Joseph Scaliger.	Gravé par G. Edelinck.	
Nicolaus Rigaltius.	»	Id. d'après **Bonet.**
Olivier Patru.	»	Jac. Lubin.
Gilles Menage.	»	P. Van Schuppen, 1698, d'après de Pilles.
Adrien de Valois.	»	Cl. Duflos d'après P. Merelle.
Barthélemi d'Herbelot.	»	G. Edelinck.
Ismael Bouillaud.	»	P. Van Schuppen, 1697,
	»	d'après J. Van Schuppen.
David Blondel.	»	Duflos.
Samuel Bochart.	»	P. Van Schuppen, 1699.
Isaac de Bensserade.	»	G. Edelinck.
Jean Racine.	»	Id.
Jean de la Quintinye.	»	Id. d'après de la Marc Richart.
Jean Varin.	»	G. Edelinck.
Philippe Collot.	»	Id.
Simon Vouet.	»	J. Lubin.
Pierre Mignard.	»	G. Edelinck d'après P. Mignard.
Jacques Blanchard.	»	G. Edelinck d'après J. Blanchard.
Jacques Sarrasin.	»	G. Edelinck.
Claude Mellan.	»	Id.
François Chauveau.	»	Id. d'après Cl. Lefèvre.

La Collection d'estampes de Michel Bégon entra à la Bibliothèque du Roi, avons-nous dit, le 23 avril 1770; un inventaire, rédigé par les ordres du propriétaire, en avait été fait en 1766. Mais, au moment même où l'on proposa au Roi d'acquérir cette collection, Hugues-Adrien Joly, garde de la Bibliothèque, fut chargé d'en faire l'estimation. A cet effet fut dressé un inventaire sommaire de la Collection offerte qui permet, aujourd'hui que les pièces qui composaient cet important Cabinet ont été distribuées dans les recueils qui les concernaient spécialement, de se rendre un compte exact de la valeur de l'acquisition faite par le Roi de France. Nous n'entendons en aucune façon donner ici, même en abrégé, la liste des volumes qui entrèrent à la Bibliothèque du Roi, nous nous ferions cependant scrupule d'omettre de dire que c'est à cette collection qu'appartenaient « *les quarante trois Desseins au crayon rouge et terre de plomb de figures et bas-reliefs du Temple de Minerve d'Athènes tirés par les soins de Mr de Nointel dans le tems que ce Temple, renversé depuis par une bombe des Vénitiens étoit encore dans son entier.* » Ces dessins, qui sont de Jacques Carrey, peintre troyen, ont fourni de trop précieuses indications à tous les historiens modernes qui se sont occupés du Parthénon, pour qu'il ne soit pas opportun de les mentionner; quoiqu'ils ne reproduisent que très-imparfaitement le caractère des sculptures originales, ils fournissent cependant, ne serait-ce que par l'indication précise des places qu'occupaient les figures dans ce temple fameux, les documents les plus importants au point de vue de l'histoire de ce monument unique au monde.

Le Cabinet des Estampes du Roi prenait, grâce à cette acquisition, un accroissement considérable. La Collection de Bégon comprenait : 8,133 portraits, estimés, par Joly, 2,766 liv. 10 s. ; 15,688 estampes par ou d'après les maîtres, estimées 11,005 liv., et 925 cartes géographiques, pièces topographiques ou hydrographiques, estimées 2,710 liv. Ces 24,746 pièces, estimées une valeur totale de 16,481 liv. 10 sols, furent soldées moyennant une rente de 2,000 livres qui fut

faite à Michel Bégon le fils, comme en témoigne le
brevet suivant :

« Aujourdhuy vingt trois avril mil sept cent soixante
dix, Le Roy étant à Versailles, Sa Majesté ayant bien
voulu agréer l'offre que luy a fait faire le Sʳ Bégon de
faire porter à la Bibliothèque de Sa Majesté la Collection d'estampes, Cartes et Manuscripts dont il a
hérité de ses pères et qu'il a continué d'augmenter
avec autant de soin que de connoissance, depuis qu'il
en est possesseur, a cru devoir luy donner une marque
de sa bienveillance particulière dont elle l'honore, Sa
Majesté s'y est d'autant plus facilement déterminée
qu'en acceptant cette Collection elle a eu particulièrement en vue de récompenser le zèle que le Sʳ Bégon, ainsi que son père et son ayeul ont toujours fait
paroitre pour sa personne et son service dans les places
d'Intendant de terre et de mer qu'ils ont successivement remplies, et de faire connoitre la satisfaction
qu'elle ressent des services de sa famille, qu'il s'est
encore plus distingué par son attachement et sa fidé-
lité que par les emplois importants qui luy ont esté
confiés et qu'il a toujours remplis avec le plus grand
désintéressement et la plus grande intégrité, à cet effet
Sa Majesté a accordé et accorde audit sieur Bégon une
pension annuelle de deux mille livres, non à titre de
payement de sa Collection, mais comme une récom-
pense due au mérite et à la vertu, veut Sa Majesté
qu'il en jouisse à l'avenir par chacun an sa vie durant
à compter du premier de ce mois, qu'elle soit employée
annuellement sur l'état des dépenses extraordinaires
de la Bibliothèque de Sa Majesté, et que ledit Sʳ Bégon soit payé de ladite pension sur ses simples quit-
tances, et sans aucune retenue, par le Sʳ Bignon, Bi-

bliothécaire de Sa Majesté et ses successeurs en ladite charge, et, pour assurance de sa volonté, Sa Majesté a signé de sa main le présent brevet et fait contresigner par moy, Conseiller secrétaire d'état et de ses commandements et finances. » Signé : « Louis, » et plus bas : « *Phelyppeaux* [1]. »

Suivent les reçus de Joly, qui constatent le nombre de pièces acquises et qui nous apprennent en même temps que certaines planches qui avaient une valeur scientifique particulière furent remises au dépôt de la marine :

« J'ay, par ordre de Monsieur Bignon, commandeur des Ordres du Roi, Bibliothécaire de Sa Majesté etc. examiné les articles énoncés en l'état cidessus ; et, pour cet effet, j'ai dressé le présent état contenant quarante-six pages pour en constater le nombre que je certifie à Monsieur Bignon monter à *vingt-quatre mille sept cent quarante six pièces*, et que j'ai cru devoir être estimées la somme de *seize mille quatre cent quatre vingt une livres dix sols*. Fait à Paris en l'hôtel de la Bibliothèque du Roi ce premier jour du mois d'avril mille sept cent soixante et dix.

« Joly, garde du Cabinet des planches gravées et estampes de la Bibliothèque de Sa Majesté. »

« Je garde du Cabinet des planches gravées et estampes de la Bibliothèque du Roi certifie avoir reçu

---

1. Inventaire du Cabinet Bégon. (Bibl. nat., Cab. des estampes, Ye, 25.)

de Monsieur Bégon, intendant de la marine, conseiller honoraire au parlement de Metz, les articles contenus dans l'état ci-dessus dont je lui ai donné décharge suivant les ordres que M. Bignon m'a donnés
le dix-neuf mars dernier, et après que mondit sieur
Bégon m'a eu remis l'extrait des pièces qui ont passé
aux dépots de la marine[1] suivant la décharge à lui
donnée le vingt-huit avril dernier, signé : Bellin.

« Fait double à Paris le sept may mille sept cent
soixante et dix.

« JOLY. »

---

1. Nous avons eu également sous les yeux l'inventaire des
pièces qui furent attribuées au dépôt de la marine. Elles
s'élevaient au nombre de 288 plus deux volumes in-folio.

FIN

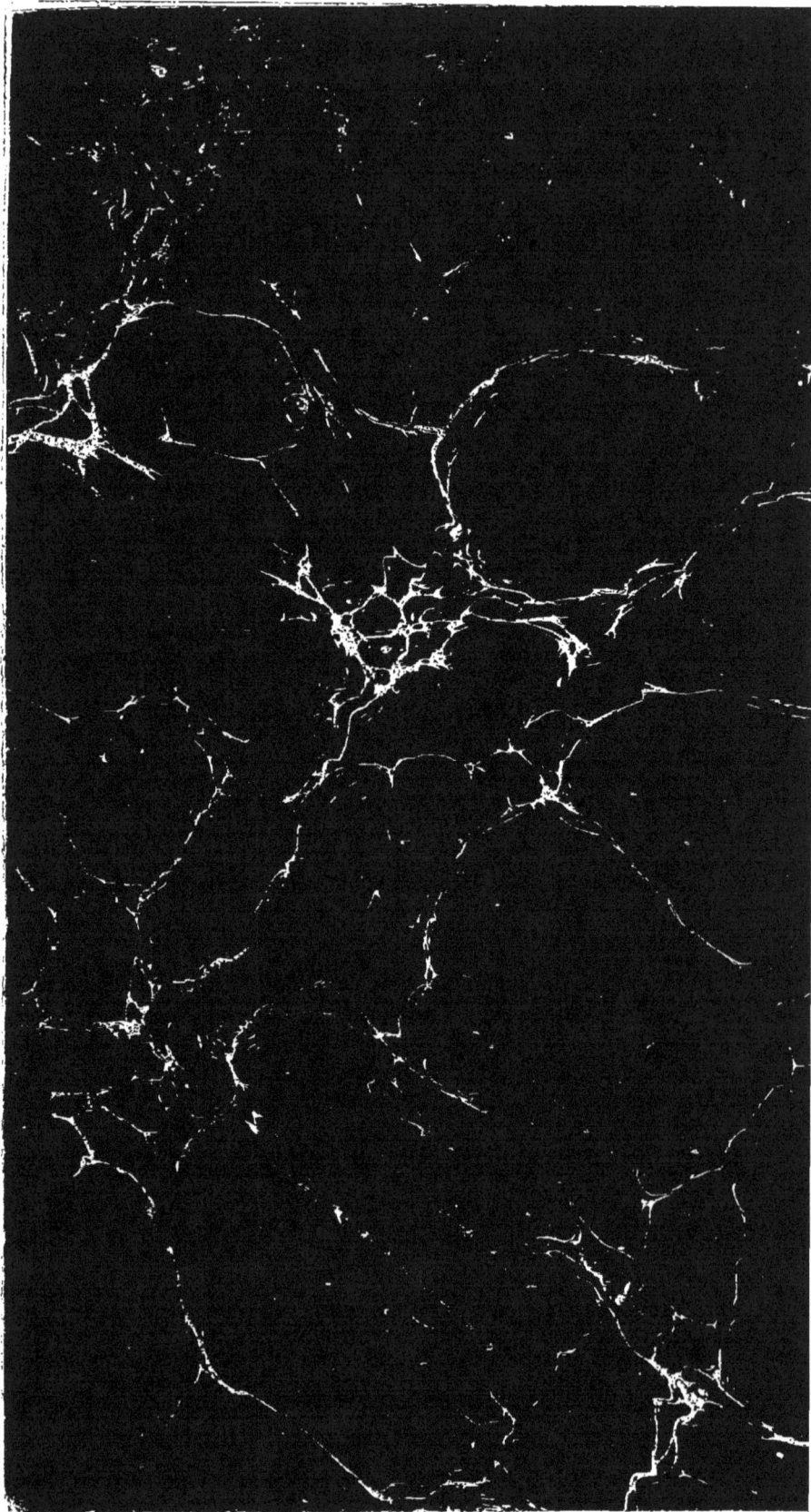

www.ingramcontent.com/pod-product-compliance
Lightning Source LLC
Chambersburg PA
CBHW070407090426
42733CB00009B/1576